Le secret le mieux gardé pour avoir du personnel engagé

Hélène Hamilton

Le secret le mieux gardé pour avoir du personnel engagé

ISBN-13: 978-0-9988546-4-9
ISBN-10: 0-9988546-4-6

Publié par: Celebrity Expert Author
http://celebrityexpertauthor.com

Coordonnées canadiennes:
1108 - 1155 The High Street,
Coquitlam, BC, Canada
V3B.7W4
Phone: (604) 941-3041
Fax: (604) 944-7993

Coordonnées américaines:
1300 Boblett Street
Unit A-218
Blaine, WA 98230
Phone: (866) 492-6623
Fax: (250) 493-6603

Table des matières

Préface

L'idée d'écrire un livre a germé au printemps 2015 lors d'un entretien sur le développement du potentiel humain avec un ami, le docteur Paul Newton. Au cours de notre discussion, ce dernier m'a demandé si j'avais déjà pensé à publier un livre.

Je me rappelle très bien le sentiment d'enthousiasme et de curiosité que j'ai aussitôt ressenti. Mais un livre pour qui?

J'ai poursuivi ce projet d'ouvrage avec les intentions suivantes :

- ✓ écrire un livre destiné aux dirigeants d'organisations publiques et privées d'envergure, puisque ce sont eux qui sont réellement en mesure de faire une différence dans leur milieu et d'avoir un impact sur un grand nombre de personnes;

- ✓ leur permettre de guider leurs équipes dans la réalisation de leur vision avec plus d'aisance et de satisfaction dans la période d'évolution rapide que nous connaissons aujourd'hui.

Dans ce livre, je vous offre des réponses aux questions suivantes :

- ✓ Pourquoi la stabilité est-elle dangereuse pour l'organisation?

- ✓ Comment profiter des sources d'instabilité de l'environnement?

- ✓ Comment accroître la capacité des employés à changer?

✓ Comment accroître la capacité d'une organisation à changer?

✓ Comment transformer la résistance au changement en une énergie qui favorise l'évolution?

✓ Comment passer à l'action pour développer une culture soutenant l'évolution?

Ce livre est le fruit de mon expérience professionnelle en tant que dirigeante des RH et de ma passion pour la qualité des milieux de travail. Il est basé sur des concepts de développement des personnes et des organisations ainsi que sur les apports de mes nombreux collaborateurs et de mentors qui m'ont inspirée tout au long de ma carrière. Bien que cet ouvrage vous offre plusieurs ressources bibliographiques, il n'est pas exhaustif en termes de références académiques. Cela n'est pas le but de ce livre. Je désire davantage présenter une approche simple et puissante pour développer une culture organisationnelle qui soutient l'évolution saine de l'organisation et qui permet d'avoir un personnel heureux et motivé au travail.

Cette approche repose, notamment, sur les travaux de Carl G. Jung, Robert Kegan et Abraham Maslow ainsi que sur des savoirs émergents issus du domaine des neurosciences qui influencent le monde des organisations actuellement. Je me suis aussi inspirée d'auteurs, de scientifiques et d'universitaires dont les travaux résonnent avec mon expérience de leader, dont ceux du Dr Donald Epstein.

Je suis motivée par le potentiel humain, l'action et j'aime le changement. Je me suis longtemps considérée rebelle et impatiente face aux règles et à la rigidité des systèmes. Grâce à l'ampleur considérable des défis en RH auxquels j'ai fait face dans ma carrière, j'ai pu sortir des sentiers battus, prendre des décisions atypiques et même certains risques tout en m'appuyant sur des modèles émergents. Cependant, j'ai dû travailler intensément et insister pour effectuer des changements dans mon milieu. Ai-je suivi la voie la plus facile? Assurément pas! Si bien que le but de mon livre est de vous présenter une voie plus aisée pour vous et pour vos équipes. Car il y a une voie plus facile…

Les PDG et leaders s'entendent pour dire que la réponse aux défis de l'heure est l'actualisation du potentiel humain. Vous savez à quel point la qualité de vos leaders et de votre culture organisationnelle contribue à la performance globale et à la capacité d'innover de votre organisation.

Ce livre vous offrira des perspectives pour solidifier la qualité de votre leadership et de votre culture organisationnelle, pour parvenir à une plus grande capacité d'adaptation et une meilleure santé de votre organisation :

- ✓ que vous dirigiez, ou non, une organisation dans une industrie qui évolue rapidement;

- ✓ que votre organisation soit, ou non, en bonne posture actuellement et que vous soyez plutôt incertain ou confiant quant aux défis à venir;

- ✓ que vous dirigiez, ou non, une organisation qui s'adapte déjà assez bien et dont le personnel et les équipes ressentent le stress et ses effets;

- ✓ que vous désiriez améliorer, ou non, l'expérience globale de vos clients et de vos employés.

Je vous invite à vous laisser inspirer par les concepts de ce livre, pour ainsi, percevoir l'émergence de nouvelles possibilités, pour stimuler le potentiel humain, pour transformer la résistance au changement, et pour découvrir des leviers pour une meilleure efficacité et santé organisationnelle (et personnelle!).

Note de l'auteure

L'énergie dans le système nerveux qui mène à la guérison des tissus et des maladies est la base des travaux et découvertes du docteur Donald Epstein. On peut lier ces découvertes au modèle intégral de Ken Wilber ainsi qu'au modèle de développement de la conscience humaine de Robert Kegan et à d'autres auteurs. Mon livre n'a pas la prétention ni l'intention, de résumer avec précision les travaux de ces auteurs, même si ma pratique est basée sur ces 3 grandes sources d'inspiration.

Mon but est, plutôt, d'intégrer les découvertes sur l'énergie du Dr Epstein et du modèle de Wilber à une approche organisationnelle structurée permettant de développer des organisations saines et performantes.

Je vous présente donc dans cet ouvrage une intégration du concept d'énergie organisationnelle à une démarche détaillée de transformation de la culture organisationnelle. Ce changement de culture vise à permettre l'évolution de l'organisation vers un système agile face, aux changements constants de son environnement, et ce grâce au leadership et à l'engagement du personnel ressentis à tous les niveaux de l'organisation.

Remerciements

La page de remerciement dans un ouvrage n'aura plus la même signification pour moi. En toute franchise, auparavant je ne saisissais pas l'essence véritable de cette partie d'un livre. Je comprends tellement mieux maintenant : derrière chaque auteur se cache un immense monde de collaborations et d'inspiration.

Des coachs, des mentors, des amis, des partenaires et ma famille ont contribué à me soutenir, de diverses façons, dans ce projet d'écriture et je leur en suis grandement reconnaissante. Je ne les nommerai pas tous, car le risque d'en oublier serait trop grand.

Je tiens, cependant, à citer quatre personnes qui ont eu le courage de relire mes notes afin de rendre le résultat de ce projet plus clair et structuré pour le lecteur : merci à Pascale Tremblay (maintenant formatrice et spécialiste de l'activité physique, auparavant collaboratrice RH chez Adecco), à Michel Mellinger (collaborateur et coach, auparavant gestionnaire en recherche-développement et innovation), à Marie-Hélène Guay (Ph. D. en éducation et coach) et finalement Isabelle St-Pierre (Professeure, Ph. D en sciences infirmières, spécialisée en violence au travail et coach). J'ai surnommé Isabelle ma sage-femme, car elle m'a guidée à la toute fin de mon projet d'écriture et m'a permis de laisser aller le fruit de ma création sans grande douleur. Merci Docteure !

Ma gratitude va également au Docteur Paul Newton, l'ami qui m'a inspiré confiance sans relâche.

Je souhaite aussi remercier Michel Sarazin, entrepreneur, formateur et coach et Adrien Duey, coach et photographe professionnel pour leur soutien et leur confiance dans mon projet.

Merci au Docteur Donald Epstein, mon mentor en matière d'intelligences énergétiques. C'est grâce à ses recherches et découvertes sur le système nerveux, et surtout en raison de sa confiance en moi, que j'ai décidé d'intégrer le concept d'énergie au monde des organisations.

Je désire souligner le soutien et l'amour que me témoigne ma famille.

Merci, Denis, de m'appuyer dans tous mes projets avec cette confiance et cette résilience qui te caractérisent!

Merci, Carole-Anne, ta douce force, ton authenticité et ta compassion m'inspirent!

Merci, enfin, à Élie, ton besoin de douceur, d'harmonie et de plaisir est, pour moi, une source d'inspiration quotidienne!

Introduction :
Évolution: Sentez-vous l'appel?

Les post-milléniaux arrivent!

Depuis deux décennies, nous accordons beaucoup d'attention aux différentes générations présentes dans le milieu du travail. La dernière en date, celle des milléniaux, est arrivée dans nos organisations. Au lieu de percevoir cette venue comme le résultat de notre évolution, et donc comme une opportunité de transformation, on associe le phénomène à un défi ou à un problème à gérer.

Notre premier réflexe pour résoudre un problème est de se baser sur ce que l'on connaît. Ainsi, pour comprendre qui sont les milléniaux, on les intègre dans le cadre de référence établi pour comparer les générations X et Y. Vous connaissez certainement les tableaux repris par plusieurs auteurs pour comparer les générations quant à leurs caractéristiques au travail. Cette méthode permet de comprendre les différences et de nous guider dans notre façon d'agir avec les différentes catégories de travailleurs.

Les milléniaux, la génération de l'heure…

Elle est parfois désignée aussi sous les vocables suivants : les Y, la génération internet, les *Echo boomers* (enfants des baby-boomers), les enfants-roi, les *nexters*, la génération *why*, la génération numérique, les enfants du millénaire, les citoyens du monde (Allain, 2016; Eisner 2005; Zemke et al., 2000) et autres étiquettes. Elle est possiblement la génération qui possède le plus d'appellations. D'emblée, ceci signifie peut-être justement qu'elle est difficile à saisir dans ses nuances. Comme le disait si bien le poète français Nicolas Boileau : « Ce qui se conçoit bien s'énonce clairement et les mots pour le dire arrivent aisément. »

D'entrée de jeu, ce qui traduit que le monde est beaucoup plus complexe et diversifié que celui de ses caractéristiques générationnelles. (Bernier 2016)

Il est fort à parier que les post- milléniaux seront aussi mentionnés dans de nouveaux tableaux comparatifs. En somme, notre tendance naturelle est d'intégrer le fruit du changement au cadre de référence que l'on a déjà créé. Il arrive, cependant, que de tels cadres atteignent leurs limites. Une autre perspective pourrait alors être de revoir notre cadre de référence et d'en créer un nouveau…

Je prendrai l'exemple de l'arrivée d'une nouvelle génération dans le milieu du travail, parce qu'il est tellement d'actualité. Chaque jour, j'entends chez mes clients les commentaires suivants: « Vous n'avez pas idée des défis que présentent la nouvelle génération… On a tellement de postes vacants en ce moment, que voulez-vous qu'on fasse? Les employés ne restent pas en poste longtemps… Que voulez-vous, c'est comme ça avec les jeunes… », etc.

C'est aussi un très bel exemple pour illustrer comment nous sommes portés à réagir à un défi à partir des modèles que l'on a déjà développés. Je suis de l'époque pendant laquelle la première version du fameux modèle de comparaison des générations a vu le jour. Les boomers étaient comparés aux X. Il est tout à fait normal d'avoir le réflexe de poursuivre avec ce modèle, car il avait du sens et nous permettait de comprendre le phénomène, mais, parfois, il faut changer de modèle, car les défis d'aujourd'hui diffèrent de ceux d'il y a 25 ans.

« On ne peut pas résoudre un problème avec le même type de pensée que celle qui l'a créé ». Cette citation d'Albert Einstein est très populaire de nos jours, car on ressent bien le besoin de mettre de nouvelles lunettes devant les défis d'aujourd'hui. On perçoit de plus en plus les limites de nos modèles traditionnels et les difficultés des grandes bureaucraties devant l'évolution rapide de la société.

S'adapter ou innover?

Face aux pressions provenant de notre environnement, on s'efforce d'adapter progressivement nos façons de faire, mais peut-être pas suffisamment de trouver une solution qui réponde d'une nouvelle manière au changement de notre environnement. Résultat : nos efforts sont consacrés principalement au maintien du système en place alors que l'évolution rapide de l'environnement commande l'émergence d'un nouveau système.

Pour que nos efforts puissent transformer nos organisations, une **nouvelle qualité d'énergie** y est requise.

Lorsque les employés dirigent leur attention et leurs efforts sur le système en place, ils utilisent une énergie dont le but est de maintenir ce système. C'est une énergie de stabilité que je nomme **l'énergie de maintien** et qui sera définie davantage au chapitre 1. Dans le meilleur des scénarios, les employés sont satisfaits et apprécient leur milieu de travail. Toutefois, ils ne sont pas stimulés par le dépassement de soi ; ils n'ont pas véritablement le sentiment d'être engagés et de faire quelque chose de significatif dans leur milieu.

> **D'ailleurs, les jeunes adultes veulent être engagés !**
> « …le travail a une signification beaucoup plus grande à leurs yeux, il devient une vocation, une véritable « occupassion ». (Sheahan, 2005) Ils veulent faire quelque chose qui sera significatif pour eux et qui les passionnera. Le mot occupassion est un terme qui semble d'ailleurs bien définir et surtout bien guider la génération Y dans sa relation avec le travail, en particulier dans ses choix de carrière. (Bernier 2016)

La période d'instabilité et de changements rapides que vivent actuellement les organisations commande d'avoir du personnel engagé dans l'évolution de leur organisation. Un employé engagé se réalise chaque jour dans son milieu de travail.

Je nomme ces employés des « **intrapreneurs** ». Pourquoi ne pas avoir des intrapreneurs à chaque poste? Ce n'est pas une utopie, il est possible d'établir des bases solides dans une organisation pour que le personnel soit engagé à chaque instant. C'est d'ailleurs le but poursuivi dans ce livre.

Gérer le changement ou être le changement?

Les modèles actuels de gestion du changement répondent-ils aux besoins des leaders pour gérer les multiples sources de changement auxquelles leur organisation fait face?

Tous les leaders reconnaissent qu'il y a suffisamment de bons modèles de gestion du changement sur le marché mais que leur réel défi est plutôt de développer la capacité naturelle des employés à changer. Il est devenu urgent d'aider les employés à se sentir à l'aise dans un environnement avec de multiples changements et de mettre à profit leur capacité intrinsèque à se développer. Ces capacités sont la créativité et la résilience. Et, de différentes façons, nous les portons tous et toutes en nous. Pour l'organisation, développer cette capacité collective offre la possibilité de transformer la culture organisationnelle pour en faire une culture qui embrasse et intègre l'évolution.

Simple et tellement puissant...

Pour créer cette culture, que je nommerai tout au long de ce livre « **culture d'évolution** », **la vision, la clarté, l'attention et l'action** sont fondamentales. Elles permettent de bâtir une organisation agile, qui évolue constamment au gré des nouvelles contraintes de son environnement. Une telle organisation, malgré les défis auxquels elle fait face, demeure ouverte aux opportunités en s'adaptant et en s'améliorant de manière continue.

On retrouve ces idées dans les attributs de l'organisation apprenante de Peter Senge, où les traditionnels silos sont plus ouverts à interagir entre eux et faire place à la collaboration, communiquant les différents savoirs de chaque spécialisation dans l'optique d'une évolution de l'organisation dans son ensemble. Dans ces organisations, le principe téléologique de régulation s'installe : un système d'autorégulation des comportements, qui fait partie de la culture organisationnelle elle-même, répond aux besoins de l'environnement.

Ces organisations affichent un rendement supérieur en matière de performance et d'engagement du personnel. On y constate moins d'accidents de travail, moins de pertes, moins de gaspillage, moins de plaintes, moins de conflits et moins de mesures disciplinaires. Les différentes composantes de l'organisation ne se pointent pas du doigt lors d'incidents hors de leur contrôle. Au contraire, elles souhaitent apprendre collectivement des incidents qui surviennent pour s'améliorer ensemble.

Quant aux clients de ces organisations, ils perçoivent la différence lorsqu'ils interagissent avec le personnel : la synergie, présente entre tous les niveaux, s'étend jusqu'à eux.

Évolution des rôles dans une organisation adoptant une culture d'évolution:

Le professionnel RH

Dans ce type d'organisation, les professionnels des RH ne font plus de gestion des RH, ils deviennent plutôt les **champions du potentiel humain**. De CRHA (conseillers en ressources humaines agréés), ils pourraient bien devenir des CPHA (conseillers en potentiel humain agréés). De gardiens des processus RH, ils deviennent gardiens de la qualité du soutien aux leaders et aux employés. Plutôt que de maintenir des processus et de développer des programmes, ils stimulent les forces et les talents naturels présents dans le milieu de travail. Le CPHA pose aux leaders et aux intrapreneurs la question suivante : « Comment puis-je t'aider dans ton rôle? »

Le gestionnaire

Dans ce cadre évolutif, les gestionnaires ne gèrent plus étroitement les ressources et les opérations, ils deviennent les **ambassadeurs de leur équipe**.

Le leader

Les leaders de cette catégorie d'organisation sont des **champions de synergie organisationnelle** ; ils passent la plus grande partie de leur journée à poser des questions, à échanger avec leurs gestionnaires ainsi qu'à écouter le personnel et leurs clients. C'est le principe du « management by walking around ». Ils obtiennent ainsi une vision intégrale de leur organisation, prennent son pouls, repèrent les bonnes idées et sont en position d'orienter le processus collectif d'évolution.

Par exemple, dans les hôpitaux dont la culture évolue, les leaders vont rencontrer les patients, le personnel infirmier, les médecins et les préposés, simplement pour les interroger de la sorte : « Que se passe-t-il de bon aujourd'hui? », « Est-ce que tout va bien?»,

« Que peut-on améliorer? », « Quel bon coup vos collègues ont-ils réalisé cette semaine? », « Comment peut-on mieux vous soutenir ? », etc.

L'énergie organisationnelle au service de l'évolution

L'énergie organisationnelle est un concept, inédit dans le milieu des organisations. Au prochain chapitre, vous verrez comment, j'intègre ce concept à un modèle que je vous propose comme outil d'évaluation et d'évolution de votre culture organisationnelle. Ce concept central sera jumelé à d'autres concepts déjà utilisés dans le monde des organisations et seront présentés tout au long d'une démarche en cinq étapes menant à une transformation de culture. Les chapitres 2 à 6 sont destinés à la description du contexte de chacune des étapes de la démarche de transformation proposée.

Le milieu organisationnel est un système composé de différents sous-systèmes qui interagissent entre eux et sont soumis aux diverses contraintes de leur environnement. **Une organisation est donc comme une cellule vivante en constante mutation** en raison d'influences aussi bien internes qu'externes. Par sa vision (où allons-nous ?), ses ressources (quels sont nos moyens ?) et ses défis (quels sont nos enjeux ?), une organisation se transforme et transforme les individus qui la composent. Ces transformations sont le fruit de l'action d'énergies reliées à différentes forces présentes dans l'organisation.

En prenant conscience qu'une organisation est en fait un système animé par plusieurs types d'énergie, nous développons une compréhension organisationnelle qui nous offre plus de possibilités d'action. Dans une culture d'évolution, les employés/intrapreneurs sont conscients de la qualité de l'énergie présente dans le système et agissent en connaissance de cause.

Essentiellement, **inspirés des travaux du Dr Epstein (E-States TM)** voici l'identification **des trois types de qualité d'énergie** et qui vont être davantage définis au prochain chapitre.

L'énergie de survie : Cette qualité d'énergie est celle qui se concentre sur ce qui ne va pas bien dans le système. Ce faisant, elle met toutes les autres parties du système au service du problème.

L'énergie de maintien : Cette qualité d'énergie est celle impliquée dans le bon fonctionnement du système. Elle offre la possibilité de maintenir l'équilibre, de conserver le système en place.

L'énergie de transformation : Cette qualité d'énergie est le moteur d'évolution du système. Elle offre le potentiel d'une adaptation efficace et pertinente aux pressions de l'environnement sur le système.

Prenons un **exemple concret**, pour illustrer l'utilisation possible des types d'énergie lors d'un conflit entre un employé et son gestionnaire. L'énergie instantanée utilisée dans cette situation est une énergie de survie, en réaction au problème qui est apparu. C'est une énergie de conflit, on prend une posture de résistance. Si l'on persiste à utiliser ce type d'énergie, la résolution du conflit sera longue et pénible et la transformation de la relation ne sera jamais positive. Dans une culture d'évolution, un conflit est considéré comme une situation qui permet de cheminer vers un état plus productif. Il y fait appel à l'énergie de transformation le plus rapidement possible pour résoudre le conflit de manière co-créative ; le conflit s'en trouve alors transformé et permet l'émergence d'une nouvelle qualité de relation.

« Qu'arrive-t-il si une organisation fonctionne essentiellement avec l'énergie de survie ? »

Cette organisation perd des clients, ses employés de grand talent la quittent d'eux-mêmes, les employés fidèles sont stressés, impatients, négatifs et attendent le bon moment pour quitter (possiblement à leur retraite). L'organisation poursuit une spirale de déclin à tous les niveaux et est appelée à s'éteindre peu à peu.

« Qu'arrive-t-il lorsqu'une organisation recourt principalement à l'énergie de maintien ? »

Si nous continuons avec l'exemple précédent, le gestionnaire qui utiliserait l'énergie de maintien pour gérer le conflit se baserait sur les procédures en place pour revenir au statu quo, soit à la situation d'avant le conflit. Toutefois, l'énergie de maintien ne suffit pas à assurer la pérennité de l'organisation. Les géants d'une certaine époque, tels que Kodak et Xerox, sont de bons exemples de l'insuffisance de l'énergie de maintien face à des marchés émergents!

« Comment aller au-delà de l'énergie de maintien? »

Dans une culture d'évolution, un conflit est considéré comme une situation permettant une transformation vers un état plus productif. Faire appel à l'énergie de transformation plus rapidement permet l'émergence d'une nouvelle relation entre l'employé et le gestionnaire.

Seul un choc peut provoquer un changement en profondeur du fonctionnement d'une organisation en mode d'énergie de maintien. L'exemple de l'Hôpital Montfort, dont je parlerai plus en détail un peu plus loin, permet d'illustrer la puissance d'un choc brutal sur un système. Selon les lois naturelles, un organisme soumis à un choc peut prendre deux trajectoires : soit générer une qualité d'énergie qui engendre une réorganisation de toutes ses parties pour s'adapter, soit stagner et éventuellement disparaître. Une culture d'évolution, telle que proposée dans ce livre, identifie les leviers qui vous permettront de générer cette énergie de transformation au sein de votre organisation.

Et si la résistance au changement était une clé

Tout système vivant recherche la stabilité par rapport à son environnement. En présence d'une instabilité, sa réaction première est de résister, afin de maintenir la situation initiale. La résistance est donc une énergie déployée par le système pour maintenir le statu quo : l'énergie de survie, l'énergie de maintien ou une combinaison des deux.

Les jeunes adultes et l'énergie de transformation

« Les jeunes adultes apportent une nouvelle énergie au travail. Selon la littérature, ils sont brillants, intrépides et ont un sens de la créativité et de l'innovation généralement assez développé. Ils sont ainsi générateurs de nouvelles idées et ils ont accès à de multiples ressources et connaissances pour les concrétiser grâce, entre autres, à leur maîtrise de la technologie. » (Bernier 2016)

Pour changer la situation problématique, il faut générer de **l'énergie de transformation**, qui permettra au système de s'adapter avec efficacité aux instabilités à venir, possiblement en passant dans un nouvel état de fonctionnement. Dans ce livre, nous envisagerons les **caractéristiques d'une culture qui stimule activement l'énergie de transformation**. Et nous y suggérons que **le moteur de l'énergie de transformation soit le leadership d'évolution**.

Le leader d'évolution

Un **leader d'évolution** est une personne qui se connaît, qui a conscience de ses réactions, qui est sensible aux besoins des autres et qui sait s'adapter aux besoins nouvellement identifiés. Il partage une vision inspirante en cohérence avec ses valeurs, connaît ses forces et celles de son équipe et n'hésite pas à sortir des sentiers battus. Il guide l'organisation dans la transformation de ses modes énergétiques vers un état d'évolution continue.

En 2012, Jim Collins donnait une conférence à Toronto à des dirigeants d'hôpitaux sur l'importance du leadership dans le contexte de la complexité des défis actuels. Lorsqu'un participant lui a demandé d'identifier un grand leader contemporain, il nous a dit de ne pas être étonnés de ne pas connaître les trois leaders qu'il allait nommer. Il a cité trois femmes américaines qu'en effet, personne ne connaissait dans la salle. Il a mentionné que selon lui, elles incarnaient le leadership requis pour relever les défis de l'heure, car elles possédaient les cinq qualités essentielles au leader: 1) elles avaient toutes une vision inspirante, 2) elles avaient la motivation de contribuer à une cause ou d'avoir un impact plus grand que celui de leur cheminement personnel, 3) elles faisaient preuve d'humilité, 4) elles étaient persévérantes ; et 5) elles avaient la capacité de s'entourer de collaborateurs qui partagent leur vision et leurs valeurs.

Le nouveau visage du leader (Bernier 2016)

« L'époque du leader héroïque et charismatique, qui occupe toute la place, semble révolue. La responsabilité du nouveau leader, c'est de créer de l'espace pour son entourage, un espace où les gens peuvent apporter des idées nouvelles, différentes. Un espace où les travailleurs oeuvrent collectivement, échangent, deviennent plus efficaces, plus agiles, et mieux préparés à affronter les défis d'un monde plus complexe. » (Les Affaires et Knightsbridge, 2008)

Le leadership requis désormais n'est plus celui des PDG flamboyants et hautement médiatisés, mais plutôt celui permettant le développement d'organisations saines et capables de s'adapter constamment. Dans une culture d'évolution, les principes issus du « Leadership from behind » de Linda Hill, professeur à l'Université de Harvard, priment : un leadership qui inspire motive par sa présence collaborative et qui soutient les employés les engage à prendre leur responsabilités dans leur milieu et dans leur développement.

Au Canada, notamment au Québec, nous constatons une vague de leaders émergents qui font une différence dans leur milieu. Je suis certaine que vous avez déjà en tête quelques noms. Fait intéressant, ceux-ci ne sont souvent pas connus du grand public étant donné leur nature humble. Ces leaders ont certaines caractéristiques communes avec les leaders d'évolution :

- ils sont présents sur le terrain;

- ils sont ultras sensibles aux besoins de leur organisation et de leurs clients;

- ils sont ouverts d'esprit et ne semblent pas déstabilisés outre mesure par les controverses;

- ils s'entourent d'équipes aux talents divers;

- ils ne sont pas réfractaires à d'autres réalités que celles qui leur sont familières, bien au contraire.

En somme, le **leadership d'évolution** est basé sur l'ouverture à de multiples perspectives, sur la résilience et la capacité d'agir consciemment face à une complexité croissante. Tout en étant humble, le leader d'évolution est **talentueux, conscient et dynamique**. Une culture d'évolution est façonnée par ce type de leader, qui partage volontairement son leadership pour l'évolution globale de son milieu.

Chapitre 1: Accroître la capacité organisationnelle de changer : ma recette

Mon invitation est de développer du leadership partout !

Comme l'environnement ne cesse d'être influencé par le rythme des changements, nous sommes appelés à évoluer avec plus d'agilité. Il est donc souhaitable de développer une meilleure réponse aux changements rapides, complexes et aux multiples sources d'instabilité qui se présentent à nous.

Je vous invite à créer un **leadership partagé** au service de l'évolution de votre organisation. Le **résultat** du leadership partagé que je vous propose est **de développer le pouvoir personnel de chacun en situation de changement.** Ce qui est, à mon avis, la solution qui permet de stimuler l'adaptabilité personnelle, d'accroître l'engagement et de rendre l'organisation plus agile face aux changements rapides d'aujourd'hui.

Pour ce faire, j'ai développé un modèle novateur voulant faciliter les transformations organisationnelles à partir de concepts connus depuis un certain temps et d'autres qui sont nouveaux au monde des organisations. Dans le présent chapitre, je vous les présente de façon sommaire pour y revenir plus en détail tout au long de ce livre et ce, pour favoriser une intégration de ceux-ci à votre réalité organisationnelle. En guise d'accompagnement au modèle, j'ai aussi développé une démarche en cinq étapes visant à faciliter la transformation de la culture organisationnelle. Celle-ci sera présentée à la fin de ce chapitre.

Modèle de transformation organisationnelle : HL360

Le modèle proposé arrime les opportunités de transformation de l'organisation aux besoins organisationnels et à l'énergie organisationnelle. Dans un premier temps, il est présenté dans son ensemble sous forme de schéma. Par la suite, chaque concept du modèle est repris et expliqué.

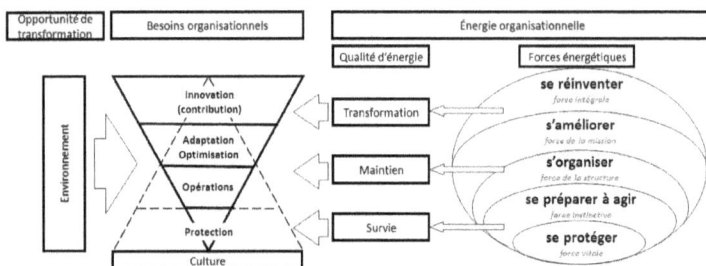

Modèle de transformation organisationnelle Hamilton Leadership 360 (HL360), (voir p. 119 pour version paysage)

Les concepts du modèle en bref

Opportunité de transformation :

L'environnement, tant interne qu'externe, fait pression sur l'organisation qui doit changer soit pour s'adapter ou se réinventer. D'abord, comme suggéré dans ce livre et dans le modèle, je vous invite à considérer les **sources d'instabilité et de pression de l'environnement** comme des **opportunités de développement** ou même des **occasions favorables** pour créer une nouvelle situation pour dynamiser votre milieu de travail.

Besoins organisationnels :

L'organisation est un système composé de plusieurs sous–systèmes et d'une culture qui la distingue et qui la prédispose à accueillir les changements et l'instabilité en provenance de l'environnement externe ou interne. Un peu comme l'humain, l'organisation est, à la base, un système qui recherche la stabilité pour bien fonctionner. L'organisation a également des besoins de base à combler avant de pouvoir évoluer en répondant à des besoins plus complexes d'où l'analogie avec la hiérarchie des besoins de Maslow.

À ma connaissance, aucun auteur n'a encore fait un parallèle entre les besoins fondamentaux humains et les besoins fondamentaux organisationnels. Ainsi, dans mon modèle, j'introduis la pyramide des principaux besoins organisationnels qui est inspirée de la pyramide de la hiérarchie des cinq besoins fondamentaux de l'humain selon Maslow (1943). La pyramide des besoins organisationnels compte quatre besoins fondamentaux que j'ai identifiés comment étant : le besoin de protection, le besoin relié aux opérations, le besoin d'adaptation et le besoin d'innovation.

Le besoin de protection est comparable aux besoins physiologiques et aux besoins de sécurité identifiés par Maslow en ce sens qu'il faut que les gens œuvrant dans l'organisation se sentent en sécurité pour pouvoir accéder aux besoins subséquents. Pour ce faire, ceux-ci doivent sentir que l'organisation les appuie et qu'elle offre un milieu sécuritaire. Si le besoin de protection n'est pas comblé, les personnes n'évolueront pas avec confiance, donc il leur sera difficile d'accéder aux besoins supérieurs de la pyramide. En parallèle, l'organisation qui n'a pas confiance en ses systèmes de base (fond de roulement, capacité de payer, clientèle fidèle…), porte son attention principalement sur sa survie.

Le besoin relié aux opérations est similaire au besoin d'appartenance de Maslow. C'est la structure qui tient le système et qui rallie toutes les parties pour assurer un bon fonctionnement. Si une des parties ne joue pas son rôle de façon optimale, ce besoin n'est pas satisfait. Il est donc difficile pour les autres parties de l'organisation de se développer et de passer au niveau de l'adaptation dans la hiérarchie des besoins organisationnels.

Un parallèle peut être tracé entre le besoin d'adaptation de l'organisation et le besoin d'estime de Maslow. Le besoin d'adaptation/optimisation du modèle est le niveau où chaque partie sur une base individuelle est reconnue et peut agilement s'améliorer pour contribuer au fonctionnement optimal du système. Lorsque chacune des parties du système est reconnue à sa valeur, on peut passer au haut de la pyramide et ainsi accéder à la transformation d'un système dans sa globalité.

Ainsi, le besoin d'innovation est similaire au besoin de réalisation de Maslow. Pour une organisation, c'est l'état où chaque partie contribue collectivement à l'évolution de l'organisation en stimulant la créativité et la résilience collective.

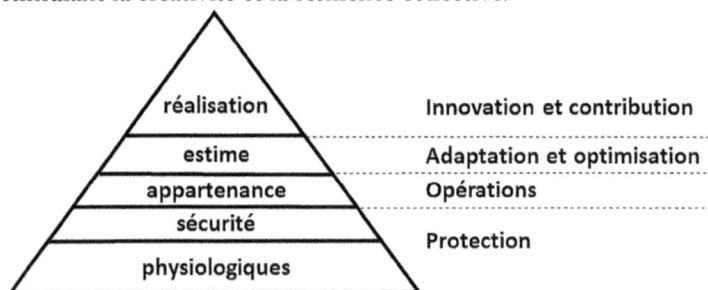

La pyramide des besoins fondamentaux de l'humain (Maslow, 1943) comparée aux besoins organisationnels (Hamilton, 2017)

Ainsi, voici donc la pyramide des besoins organisationnels qui illustre bien la hiérarchie des besoins fondamentaux des organisations. Cependant, un élément très important à préciser, cette pyramide démontre la proportion de temps et d'énergie que les organisations déploient pour tenter de satisfaire ces différents besoins. En effet, bien que la protection et les opérations soient des fonctions de base vitales à toute organisation stable, le défi des organisations matures en ce moment est de s'adapter rapidement, voire même de se réinventer, pour répondre à l'instabilité résultant des changements imposés par l'environnement. Il est donc logique (mais pas toujours facile) d'accorder plus d'attention aux besoins en haut de la pyramide : l'optimisation, l'adaptation et l'innovation.

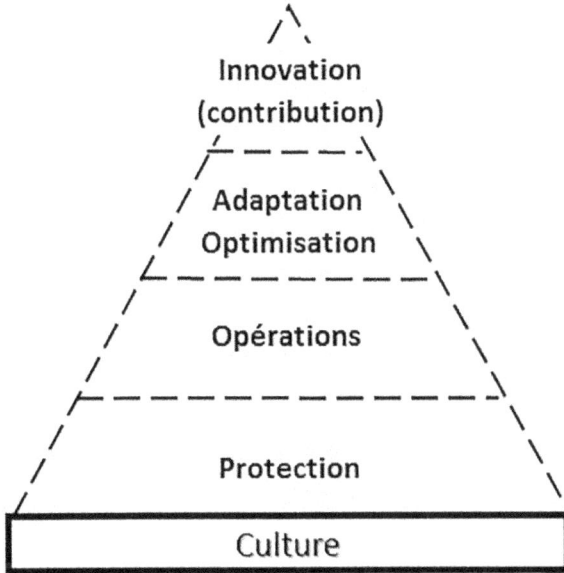

```
                    /\
                   /  \
              Innovation
            (contribution)
              /  —  —  —  —  \
             /   Adaptation   \
            /   Optimisation   \
           /—  —  —  —  —  —  —  \
          /                       \
         /        Opérations        \
        /                            \
       /—  —  —  —  —  —  —  —  —  —  —  \
      /                                  \
     /             Protection              \
    /                                        \
   ┌──────────────────────────────────────────┐
   │                 Culture                    │
   └──────────────────────────────────────────┘
```

La pyramide des besoins organisationnels : ce qu'on retrouve dans la plupart des organisations modernes (Hamilton, 2017)

Le modèle HL360 propose d'inverser la pyramide des besoins organisationnels dans le déploiement de vos efforts tout en maintenant la même hiérarchie des besoins. Le modèle invite donc à mettre la majorité de votre attention et de vos énergies à vous transformer et innover pour relever les défis d'aujourd'hui. Ce faisant, le modèle suggère d'aligner les ressources organisationnelles (ressources humaines, matérielles et financières) en conséquence, en soutien à l'évolution agile de votre milieu.

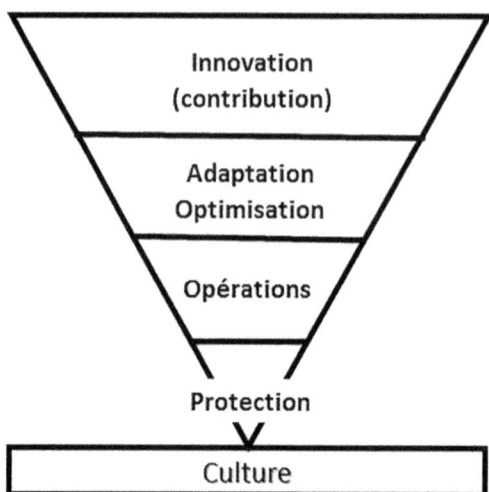

La pyramide des besoins organisationnels de la 4e révolution industrielle: la solution aux défis d'aujourd'hui (Hamilton, 2017)

La culture organisationnelle: ce qui supporte le tout !

L'ampleur des défis d'aujourd'hui demande d'être à l'affût de solutions dynamiques et perpétuelles. La solution que je vous propose dans ce livre implique un changement de culture organisationnelle. Pourquoi ? Si l'organisation souhaite changer ses réflexes et développer une nouvelle agilité à gérer le changement, c'est la culture qui assurera la pérennité de ces changements dans le temps.

Dans le schéma de la pyramide conventionnelle, nous constatons que la culture est davantage ancrée sur la protection et les opérations de l'organisation. Dans la pyramide inversée, nous souhaitons tendre vers une culture ancrée sur l'évolution agile de l'organisation.

L'énergie organisationnelle : la qualité d'énergie et les forces énergétiques

L'énergie organisationnelle est le concept novateur du modèle HL360 et celui sur lequel repose toute la démarche de transformation organisationnelle proposée dans ce livre. Si la culture est ce qui supporte l'organisation dans son identité et sa mission, l'énergie organisationnelle est ce qui permet de satisfaire les besoins organisationnels.

L'énergie organisationnelle a deux aspects : elle se définit en terme de qualité de l'énergie et s'exprime sous la forme des forces énergétiques qui génèrent ces qualités. Ces deux aspects sont au service des différents besoins organisationnels. Je vais les définir ici brièvement pour y revenir avec plus de liens dans les chapitres suivants qui présentent en détail les étapes de la démarche que je vous propose.

La qualité d'énergie

Le modèle reconnaît trois types de qualité d'énergie soit: l'énergie de **survie**, l'énergie de **maintien** et l'énergie de **transformation**. Chacune de ces trois qualités d'énergie soutient des besoins organisationnels spécifiques tels qu'illustrés dans le schéma du modèle. Cette typologie est une adaptation des travaux du Dr Epstein portant sur les *E-State* au monde des organisations.

Identification des trois types de qualité d'énergies liés aux besoins organisationnels.

L'énergie de survie : L'énergie de survie est requise pour protéger l'organisation et répond donc à son **besoin de protection**. Cette qualité d'énergie est concentrée sur ce qui ne va pas bien dans le système. Ce faisant, elle met toutes les autres parties du système au service du problème. L'analogie avec le corps humain pourrait être lorsque nous combattons un virus. Nous ressentons de la fatigue. Cette sensation vise à nous amener à nous reposer afin de pouvoir concentrer l'énergie de notre corps à notre système immunitaire pour qu'il combatte les microbes.

Appliquée au monde organisationnel, cette qualité d'énergie est fort utile pour protéger l'organisation et ses acquis. Elle permet de réagir rapidement à un danger immédiat ou à une crise, par exemple, la perte d'un important client de l'entreprise, ou dans un contexte de coupure budgétaire importante ou de gestion de la décroissance. L'énergie de survie est donc primordiale comme première réponse à une crise, à une source d'instabilité majeure affectant la base de l'organisation.

L'énergie de maintien : L'énergie de maintien est disponible au système pour assurer le bon fonctionnement de toutes les parties d'un système vivant. Appliquée au monde organisationnel, cette énergie répond au **besoin des opérations**. Elle est impliquée dans la routine de l'organisation. Elle permet de maintenir l'équilibre, les processus en place et de régler les problèmes usuels selon les pratiques habituelles. Elle est au service de la stabilité organisationnelle donc du maintien du statu quo.

L'énergie de transformation : L'énergie de transformation permet de répondre au besoin d'adaptation et d'innovation de l'organisation. Cette qualité d'énergie est celle dont dispose un système pour lui permettre de se développer et d'évoluer. Si on reprend l'analogie du corps humain, c'est l'énergie qui lui est accessible pour développer de nouveaux muscles, de nouvelles facultés pour atteindre de nouveaux niveaux de performance. Appliquée au monde organisationnel, elle est ainsi le moteur d'évolution. Elle est nécessaire pour hisser une organisation à un autre niveau. L'énergie de transformation est au service de l'innovation et de l'adaptation agile d'un système. Elle est au service de l'évolution.

Les forces énergétiques

Dans le modèle proposé, les cinq forces énergétiques réfèrent aux différences intelligences énergétiques accessibles à tous systèmes pour se maintenir, s'adapter et évoluer. Ces intelligences sont parfaitement liées aux besoins fondamentaux des individus selon Maslow, ce qui, à mon avis est la raison pour laquelle cette pyramide est toujours d'actualité. Dans le modèle, elles se traduisent en terme de : force vitale, force instinctive, force de la structure, force de la mission et force intégrale. Tout comme les qualités d'énergie,

chaque force énergétique est en lien avec un besoin organisationnel spécifique. Elles sont en fait en arrière-scène, ce qui explique
pourquoi certaines pratiques organisationnelles produisent des
résultats moyens, excellents ou extraordinaires. Pour la typologie
des forces énergétiques, je me suis aussi inspirée des travaux plus
récents du Dr Epstein ainsi que d'autres chercheurs du domaine
de l'épigénétique et de la biologie cellulaire, tel le Dr Bruce Lipton
par exemple.

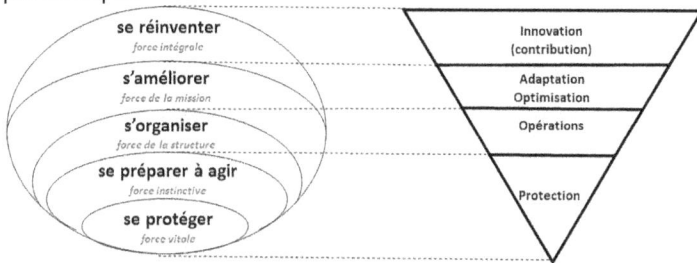

La hiérarchie des forces énergétiques et ses liens avec les quatre besoins organisationnels

Ainsi :

La **force vitale** réfère aux composantes vitales d'une organisation et supporte les besoins de protection et de survie du système;

La **force instinctive** réfère à la capacité du système de percevoir le danger et l'instabilité dans le système et de se préparer
à réagir. Cette force est aussi au service de la protection et de la
survie du système;

La **force de la structure** réfère à la capacité d'un système de
s'organiser pour assurer son bon fonctionnement. Cette force est
au service de la stabilité et du maintien du système;

La **force de la mission** réfère à la capacité du système de
prendre une perspective plus large et de percevoir plus de possibilités pour réaliser sa mission. Cette force est au service de la transformation et de l'adaptation agile;

La **force intégrale** réfère à la capacité d'une organisation de
mettre toutes ses énergies au service d'une contribution collective

qui repoussent les frontières. Cette force est au service de la transformation, de l'innovation et de l'évolution intégrale du système.

La prémisse du changement

Guidée par les travaux d'Epstein, et autres principes du changement comme la théorie U d'Otto Sharmer par exemple, j'introduis d'entrée de jeu, **deux principes** sur lesquels reposent le modèle et la démarche proposés dans ce livre:

1. plus grande est l'instabilité dans votre environnement, plus grand est le choc sur le milieu de travail et plus grande est la résistance au changement…, mais aussi plus grand est le potentiel de transformation;

2. plus votre organisation favorise l'**énergie de transformation**, plus elle en génère. C'est de l'énergie renouvelable : l'organisation développe l'habitude de recourir à l'énergie de transformation une fois qu'elle y a goûté.

Démarche en cinq étapes pour façonner votre culture organisationnelle

Façonner est le terme que j'ai choisi pour inclure celui de renouveler, de transformer ou celui de métamorphoser la culture organisationnelle selon la situation qui représente le mieux la situation de chacun de mes clients.

La démarche proposée a donc comme but de stimuler la capacité de changer du système. Parce que les changements organisationnels réussis (ou positifs) se réalisent en libérant le potentiel humain présent dans l'organisation, je propose une démarche simple qui mise sur les talents et la synergie des équipes pour créer une organisation saine et performante. La démarche s'appuie sur les *capacités naturelles de changer* présentes chez toute personne créant ainsi plus aisément un leadership partagé.

Cette démarche, divisée en cinq étapes, s'inspire d'une démarche systématique de transformation organisationnelle, qui vise à transformer votre culture. Elle est un outil unique pour aider à passer d'un mode « gestion du changement » à la création d'un véritable « leadership d'évolution » partagé et durable.

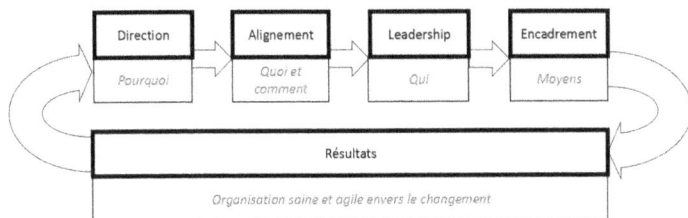

Démarche de transformation organisationnelle HL360 en cinq étapes

Voici les étapes de la démarche proposée ; chaque étape sera reprise en détail dans les chapitres suivants:

1. **Direction** : cette étape permet de définir la situation désirée (identifier les raisons qui motivent le changement et les principales sources de résistance dans l'organisation);

2. **Alignement** : ici, il s'agit de se préparer à l'action (explorer la vision, les valeurs, le leadership et les pratiques courantes de l'organisation et comment tous ces éléments sont alignés avec la situation désirée);

3. **Leadership** : c'est le moment de passer à l'action en développant un leadership d'évolution et en créant un leadership partagé où tous les leaders et les employés sont engagés dans l'évolution de l'organisation;

4. **Encadrement** : cette étape crée les bases d'une culture d'évolution en misant sur les moyens pour faire émerger l'énergie de transformation;

5. **Résultats** : cette étape permet de construire une organisation saine qui s'adapte avec agilité grâce à sa culture d'évolution. Le résultat dans le modèle est sous les 4 autres étapes puisqu'il représente l'état recherché à un moment donné et il est inclus dans

un mouvement circulaire représenté par les flèches de chaque côté puisque la démarche implique une évolution constante grâce au leadership d'évolution et partagé.

Résumé du chapitre

Le modèle de transformation organisationnelle *Hamilton Leadership 360* (HL360) reprend la hiérarchie des besoins fondamentaux de l'humain de Maslow (1943) pour identifier quatre besoins organisationnels. La culture organisationnelle est à la base de ces besoins, et l'environnement est ce qui induit le changement et affecte la culture. Le concept d'énergie organisationnelle est introduit pour comprendre comment stimuler de façon durable la capacité individuelle et organisationnelle à avoir une réponse plus adaptée envers les pressions de l'environnement.

Pour assurer une évolution saine et une organisation qui maintient son agilité à gérer le changement, il est suggéré dans ce livre de commencer par la culture organisationnelle;

On vous invite à passer d'une culture qui vise la protection du système à une culture plus ouverte à l'évolution, d'une culture qui vise la stabilité à une culture qui embrasse l'instabilité pour mieux évoluer.

La démarche en cinq étapes proposée permet ainsi de transformer la culture en générant l'énergie favorable aux transformations plus agiles et souhaitées dans le milieu.

Chapitre 2: Étape 1-Direction : Définir la situation désirée

Identifier le besoin et les raisons qui motivent le changement et les principales sources de résistance dans l'organisation

Voici quelques questions à vous poser lors de cette première étape :

- quels besoins motivent ou commandent une nouvelle direction?

- quel est le changement auquel votre organisation est confrontée?

- à quels problèmes vos équipes font-elles face?

- s'il y a des sources de résistance aux changements, quelles sont-elles?

- que se passe-t-il dans votre organisation lorsqu'un client exprime un nouveau besoin?

- quelle est la vision d'avenir de votre organisation?

Les pressions de l'environnement pour changer

Les organisations ont toujours eu à faire face à des pressions et à s'adapter. Ce qui est différent à l'heure actuelle, c'est la rapidité et la complexité des changements. On a l'impression que l'instabilité est constante.

Dans ce livre, je m'inspire du Dr Epstein qui définit **l'instabilité** comme étant un évènement qui survient dans le système, comme une maladie ou un accident, qui interrompt le cours normal et qui commande un changement. Ainsi je vais définir l'instabilité dans l'organisation comme étant le **résultat d'une pression de l'environnement (externe ou interne)** qui survient dans l'organisation et **qui commande un changement**. Plus précisément, je fais ici référence à une pression qui crée une instabilité d'une ampleur telle qu'un changement dans le parcours de l'organisation est nécessaire, par exemple : l'acquisition d'une entreprise, la perte d'un gros contrat, un cas de fraude, l'entrée en fonction d'une nouvelle tête dirigeante, un changement technologique, une modification de la législation, une variation importante du taux de change, l'évolution des habitudes des clients, l'émergence de nouveaux compétiteurs, le remplacement d'un fournisseur, l'expansion rapide d'un secteur de l'entreprise, etc.

Il n'y a pas si longtemps encore, la règle générale était de n'envisager qu'un grand changement significatif par période de 5 ans. Les spécialistes en planification stratégique et en gestion du changement nous enseignaient tous à ne pas introduire trop de changements pour préserver le plus possible la stabilité organisationnelle.

Or, de nos jours, tout évolue rapidement et simultanément : le comportement des consommateurs, la technologie, les outils, les organisations et le personnel. On assiste à la superposition et à l'intégration des changements, ce qui induit un nouveau rythme et une nouvelle complexité pour les organisations. La bonne nouvelle est que cette situation crée un terrain fertile pour générer de l'énergie de transformation et faciliter les changements.

Le changement peut être facile

Pourtant, on résiste; la stabilité se voulant rassurante. Cependant, a-t-on vraiment autant besoin de stabilité qu'on le prétend? Il est vrai que la stabilité est nécessaire pour nous permettre d'établir une base, de nous reposer et reprendre pied, et de nous habituer à un nouvel état. Mais est-ce que le changement est toujours source d'instabilité ? Est-ce qu'il génère toujours un inconfort chez les personnes qui le vivent ? Quelle est la source de cet inconfort ? Le changement lui-même, le manque de cohérence dans les changements successifs ou la manière dont le changement est « géré »?

L'instabilité provenant de la pression de l'environnement est d'abord une source d'inconfort ressenti. Le rôle traditionnel du leader est donc de percevoir le besoin de changer, puis d'introduire le changement désiré. Le gestionnaire opérationnel, qui hérite de cette responsabilité, devient le gardien du changement et doit gérer tant la résistance naissante que les ressources affectées par le changement. Bref, il doit, en quelque sorte, pousser, voire même tirer, le personnel à travers les phases du changement. Le rôle de gestionnaire opérationnel dans ces conditions est de moins en moins enviable.

De plus en plus, les gestionnaires expriment qu'ils ont l'impression de ne faire que ça, de la gestion des changements et ils ont bien raison. C'est la nouvelle réalité, c'est le nouveau rythme de l'évolution. Pour faire face à cette nouvelle réalité, il convient d'adopter une approche de gestion différente et celle du leadership partagé qui permettra d'accueillir le changement facilement grâce à une culture d'évolution.

Ne rien faire n'est pas une option

Une organisation qui n'est pas prête à évoluer ne peut pas s'adapter à son environnement et elle est appelée tôt ou tard à disparaître. Celle-ci ne peut donc pas rester dans l'inertie puisque comme mentionné auparavant, se cantonner dans un mode d'énergie de survie et d'énergie de maintien n'est pas souhaitable.

La multinationale Kodak, pionnière technologique du cinéma et de la photo, et devenue très confortable au fil des décennies, avait opté pour l'inertie face au changement. Suivant ses déboires, l'un de ses gestionnaires avait noté, lors d'une conférence, que Kodak avait essentiellement inventé « une manière légale d'imprimer de l'argent », soit la production toujours plus profitable de pellicules photo argentiques. Il était donc impossible pour certains gestionnaires de penser que cette façon de faire serait amenée à disparaître. En effet, ce modèle s'est effondré avec l'émergence de la photo numérique et son invasion du marché. Bien que le département de la recherche et du développement de Kodak avait anticipé cette évolution, la direction n'a pas suivi et ce géant industriel s'est effondré brutalement pour, finalement, déposer le bilan en janvier 2012! Même les géants disparaissent.

Quelques **signaux internes** permettent de prendre conscience que l'organisation est sur un **mode d'énergie de survie ou d'énergie de maintien**. De multiples commentaires peuvent être symptômes de cette dynamique négative : « C'est seulement une job», « Eh bien, vous savez, il part dans 18 mois, on verra bien après», « Les gestionnaires passent, les employés restent », etc. De tels commentaires sont le signe que les employés ont décidé d'arrêter de se réaliser pleinement au travail. Si leur engagement dans l'évolution de l'organisation n'est plus au rendez-vous, cette dernière ne pourra tout simplement pas s'adapter et évoluer avec agilité.

Gérer des changements ou orienter l'évolution?

La complexité et la rapidité des changements nécessitent une nouvelle perspective, un nouveau leadership qui rendra l'organisation agile dans l'accueil de l'instabilité. Le nouveau rôle des dirigeants est de développer des intrapreneurs ayant la capacité d'identifier, par eux-mêmes, les besoins de changement, de les inspirer en offrant un environnement favorable à l'évolution et de les encourager à agir et à se développer.

Les premiers modèles de gestion du changement demandaient d'anticiper la résistance des employés pour mieux la contrer par exemple en réduisant les impacts négatifs du changement sur le personnel, autrement dit en les protégeant du changement.

Puis, vers la fin des années 1990, la gestion du changement a évolué avec l'arrivée des nouvelles générations de travailleurs, chacune avec des priorités de vie différentes, ainsi qu'avec des milieux de travail de plus en plus multiculturels. Il est devenu trop complexe de prévoir toutes les sources de résistance du personnel. On s'est alors mis à consulter et à impliquer davantage le personnel en amont en les interrogeant : « Comment effectuer le changement? », « Dans quelle séquence temporelle? » ; mais sans toutefois leur fournir une perspective globale : « Pourquoi effectuer le changement? », « Quels changements prioriser? ». Celle-ci étant toujours réservée à la tête dirigeante de l'organisation.

À mon avis, l'heure est arrivée où les changements les plus critiques à faire seront probablement ceux perçus d'abord par le personnel. Les employés qui ont un engagement fort pour le succès de l'organisation constituent le cœur, les yeux, les oreilles et les poumons de l'organisation. Il est donc nécessaire de les écouter.

Une fois le **besoin de changer** bien identifié, il faut prendre conscience des **sources de résistance** présentes dans l'organisation, non pas pour les combattre ou les neutraliser, mais plutôt pour y trouver les sources d'énergie potentielle et y accéder comme **leviers de transformation organisationnelle.**

À cet égard, j'aime beaucoup la référence à l'image souvent utilisée par mon amie Christine lorsqu'elle observe de la résistance chez quelqu'un et qu'elle veut induire une nouvelle perception: « C'est grâce à la résistance de l'air qu'un Boeing peut prendre son envol ».

Comment favoriser l'évolution?

Contrer une résistance requiert de l'énergie. Sans énergie, rien ne bouge. Avec un peu d'énergie, les choses bougent un peu; avec plus d'énergie, elles évoluent davantage. Encore faut-il que le bon type d'énergie organisationnelle soit mis en œuvre.

Exemple du potentiel de transformation généré par une énorme source d'instabilité sur un système :

Voici un exemple concret d'une situation où une grande pression externe avait généré une résistance massive qui s'est muée en une transformation exemplaire : le projet du gouvernement de fermeture de l'Hôpital Montfort, épisode remarquable de l'histoire de cette institution auquel j'ai eu le grand privilège de participer. Je suis d'ailleurs très heureuse que le présent livre soit achevé l'année du 20ᵉ anniversaire de SOS Montfort.

De la saga Montfort au nouveau Montfort

En 1997, cet hôpital communautaire francophone, situé à Ottawa, avait été menacé de fermeture par le gouvernement conservateur au pouvoir. Cette menace avait créé une onde de choc dans la communauté francophone de l'est de l'Ontario et la réaction instinctive avait été très vive. Je réfère le lecteur au livre *Montfort : la lutte d'un peuple, Gratton, (2003)*.

Une forte résistance s'installa immédiatement, provenant de sources très diverses. Politiciens, médecins de famille, infirmières, patients et syndicats, chacun des piliers francophones de la communauté avait une raison de se sentir menacé. Moins d'un mois plus tard, plus de 10 000 personnes protestaient et se réunissaient au Centre Civic d'Ottawa dans ce qui fut nommé : le grand ralliement. Rappelons-nous que cette énorme manifestation avait été organisée alors que les médias sociaux n'existaient pas encore et que les rares téléphones cellulaires sur le marché n'avaient pas de carnet d'adresses intelligent intégré, ce qui illustre à quel point l'instinct de survie d'une communauté sans moyens particuliers de ralliement a réussi à libérer une quantité d'énergie incroyable devant la menace qui frappait leur hôpital.

La communauté résistait afin de maintenir l'hôpital ouvert. « Montfort fermé : Jamais! » était le slogan. Cette gigantesque manifestation visa, d'abord, à maintenir le statu quo donc garder l'hôpital ouvert. De la communauté se dégageait de l'énergie de survie.

De ce conflit, nous pouvons voir comment l'énergie provenant du mouvement de résistance initial a transformé cette organisation. En effet, le petit hôpital communautaire de l'Est ontarien ne fut plus jamais le même. De cette évolution, l'Hôpital Montfort est devenu un hôpital d'enseignement et de recherche de grande envergure. En plus d'avoir réussi à pérenniser son existence en tant qu'hôpital (survie), il a obtenu le statut d'« institution pour contrer l'assimilation », qui a débouché sur un plan d'expansion sans précédent (transformation).

Cette transformation a rayonné bien au-delà de l'organisation, pour se rendre à l'échelle de la province de l'Ontario tout entière et, plus largement, dans l'ensemble du Canada. Pour citer quelques exemples des effets de cette transformation sur la communauté francophone, une crise survenue dans l'est de la province a permis le développement de réseaux de services de santé en français à l'échelle de la province l'Ontario. Ainsi chaque région compte maintenant sa structure de planification de services de santé en français. Ceci est le résultat du rôle qui a été octroyé à Montfort durant la Saga et qui s'est propagé de l'est de la province à tout l'Ontario par la suite. La saga Montfort aura aussi amené le gouvernement fédéral à investir dans la création d'une instance canadienne : «Santé en français» pour veiller à l'offre de services en français aux groupes en situation minoritaire en regroupant toutes les parties prenantes.

Bref, la saga Montfort aura permis de créer un tout autre niveau de rayonnement de l'hôpital comme institution ainsi que des droits de la communauté francophone de l'Ontario et pancanadienne. À la suite de l'apparition d'une menace pour sa survie et grâce à une mobilisation importante qui, même si elle visait initialement à seulement assurer la survie de l'hôpital, celle-ci a entraîné une évolution sans précédent ayant fait émerger, au-delà du maintien de l'hôpital, une nouvelle fierté pour les francophones hors Québec, qui se poursuit de nos jours. Évidemment, ici mon propos ne vise pas à dire que la préservation de la langue est maintenant acquise…il n'y a jamais rien de vraiment acquis…

La résistance ou la patience comme source d'énergie pour l'évolution

La démarche pour le changement mise en avant dans ce livre permet de porter une attention particulière aux sources de résistance présentes dans l'organisation et de mettre, ainsi, au service de l'évolution de celle-ci toutes les sources d'énergie de transformation possibles. Ces sources de résistance sont une opportunité de transformation plutôt qu'un problème à régler, une opportunité qui permettra à l'organisation de passer à un niveau de performance supérieur.

La patience au service des leaders

Les leaders de demain sont ceux qui savent reconnaître et accueillir la résistance comme une source d'énergie de transformation permettant de s'adapter et d'innover avec plus d'aisance.

Gilles Desjardins, entrepreneur gatinois maintenant reconnu aussi comme mécène au Québec, est à mon avis un exemple de patience devant la résistance. L'un de ses projets de développement de condo a mis plus de huit ans avant d'être approuvé en raison de la friction provenant du cadre procédural à laquelle le projet faisait face. Lorsqu'on apprend à connaître l'entrepreneur, on réalise qu'il n'est pas dans sa nature personnelle de lutter contre la résistance. Il dit avoir compris que « cela ne vaut pas la peine de nager à contre-courant. » et souligne qu'il dirige son attention plutôt sur les ouvertures. Il se définit ainsi comme un « entrepreneur doté d'une grande patience ». Même si vous ne connaissez pas le personnage, vous comprendrez que je désire simplement porter votre attention sur les bénéfices de la patience qui génère toujours plus d'ouverture que la tension générée par son opposé : l'impatience…

D'ailleurs, Alexandre Taillefer, un autre entrepreneur bien connu au Québec, le mentionne dans ses conférences, « un bon entrepreneur est persévérant et *patient* » : il doit souvent laisser cuire « plusieurs fonds de veau en même temps et attendre le bon timing ».

L'exemple de Montfort par sa résistance massive ou l'exemple d'entrepreneurs patients aux multiples projets synthétisent **deux voies de transformations possibles**. En tant que leader, il est possible d'évaluer la réaction aux changements dans votre organisation en fonction des **deux options** suivantes :

- soit que l'organisation est en mode de protection devant l'instabilité de son environnement et, dans son instinct de survie, a le potentiel de générer de l'énergie de transformation;

- soit qu'elle est en mode d'accueil et de patience face aux défis et s'ouvre, ainsi, aux opportunités de transformation.

L'organisation du futur est celle qui est composée de leaders et d'intrapreneurs capables d'avoir une vision globale, d'identifier les sources de résistance et d'embrasser les défis comme des opportunités d'évoluer.

Vers un nouvel équilibre : entre stabilité et instabilité

La plupart des leaders de la génération X, dont je fais partie, ont été formés pour maintenir la stabilité, dans le but d'organiser le système de manière durable, de l'optimiser et de sécuriser le personnel. Mais n'avons-nous pas trop misé sur la recherche de la stabilité?

La stabilité en soi ne nous conduit pas à un espace de créativité et de réalisation. Elle crée plutôt un espace d'inertie et un espace de gestion des opérations, gestion des ressources, voire même un état de déresponsabilisation. Les nombreux défis d'aujourd'hui nous guident vers un nouvel équilibre entre la stabilité et l'instabilité, qui n'est autre que la clé du succès face aux nouveaux paradigmes de la 4ᵉ révolution industrielle.

Je reviens à mon exemple de l'Hôpital Montfort pour expliquer ce nouvel équilibre. Au plus fort de cette crise, que l'on a surnommée la saga Montfort, nous vivions dans une période d'instabilité extrême. Outre la menace de fermeture de l'hôpital (réflexe de survie), nous avions à composer avec une période de pénurie d'infirmières qui frappait durement tout le Canada, et principalement le Québec et l'Ontario. Nos infirmières spécialisées et bilingues, qui étaient très en recherchées ailleurs, pouvaient donc facilement démissionner face à cette incertitude. La même situation était vraie pour les médecins spécialistes qui menaçaient aussi de démissionner. La communauté était fortement divisée sur les moyens que nous devions utiliser pour faire pression sur le gouvernement provincial. De surcroît, nous devions absolument avoir une performance organisationnelle irréprochable pour ne pas justifier une fermeture basée sur une piètre situation financière. Cet environnement truffé d'incertitudes sans précédent nous poussait donc à multiplier les efforts pour diversifier notre offre au cas où la menace de fermeture deviendrait une réalité. Cela nous avait incités à participer à toutes sortes d'initiatives pour obtenir de nouveaux programmes et accéder à de nouvelles sources de financement. Dans ce contexte, l'Hôpital Montfort avait créé un environnement composé de multiples projets et initiatives. À un moment donné, l'équipe de gestionnaires avait dénombré plus de 60 projets en simultané. Je me rappelle également qu'à la même période, les visiteurs d'Agrément Canada, responsables de l'accréditation de qualité, nous avaient recommandé « d'arrêter le tsunami de changements à Montfort ». Ils étaient incrédules non seulement en raison du nombre de projets en cours, mais aussi en raison de la qualité de ceux-ci puisque la grande majorité de ces projets étaient tout à fait novateurs et avant-gardistes.

La direction de l'hôpital était bien consciente que l'instabilité avait atteint un niveau critique et que la situation était fragile, mais la cause de Montfort engageait tellement l'ensemble du personnel et touchait à tel point sa fierté que l'énergie semblait se renouveler constamment malgré l'ampleur des enjeux. Certes, à certains moments, il a fallu ralentir le rythme, mais la créativité continuait d'émerger de cette résistance, de cette sorte de fuite en avant. Je me souviens des rencontres où l'on souhaitait prendre le pouls des gestionnaires, des infirmières, des médecins et des syndicats, afin de se stabiliser avant d'entrevoir d'autres possibilités pour renforcer notre position. C'était une question de survie et de fierté pour la communauté, qui poussait tout le monde à créer avec autant d'intensité.

Montfort est devenu une icône de la francophonie. Cet hôpital n'a pas acquis seulement le droit d'exister « en tant qu'établissement essentiel à la communauté franco-ontarienne » (Montfort, 2017), mais aussi celui de continuer à se développer pour répondre aux besoins de sa communauté au fil du temps. Ce statut légal est lourd de sens pour une institution publique qui, normalement, peut faire l'objet d'une restructuration commandée par l'État à n'importe quel moment. Ce statut n'existerait pas aujourd'hui sans la menace de fermeture proférée en 1997, sans cette incroyable instabilité qui visait tout simplement à faire disparaître l'établissement.

Résumé du chapitre

Un des défis des leaders d'aujourd'hui est de soutenir l'organisation dans une situation de vigilance, de trouver un équilibre entre stabilité et instabilité. Il convient de rechercher une forme de stabilité pour prendre position et d'embrasser l'instabilité comme un tremplin permettant d'atteindre de nouveaux sommets.

En cette période où la pression pour changer est énorme, les organisations doivent accorder autant d'attention, maintenant, à embrasser l'instabilité, qu'elles ont déployé d'efforts, par le passé, à rechercher la stabilité souvent associée à un besoin de sécurité.

Comme première étape de la démarche, je vous invite à :

- prendre conscience du concept d'énergie organisationnelle et de la qualité par laquelle elle se manifeste;

- identifier la situation désirée;

- identifier les principales sources de résistance dans votre organisation et;

- percevoir les sources d'énergie de transformation à votre service.

En bref, lors de la première étape de la démarche on souhaite découvrir si la qualité d'énergie prédominante dans le milieu est au service de la survie, du maintien ou de l'évolution saine l'organisation…

Chapitre 3 : Étape 2 – Alignement : Se préparer à l'action

Explorer comment la vision, les valeurs, le leadership et les pratiques courantes de l'organisation sont alignés avec la situation désirée

Dans le premier chapitre, je vous invitais à réfléchir aux pressions qui motivent ou obligent l'organisation à se transformer. J'y ai expliqué comment les sources d'instabilité, jumelées à la résistance qu'elles provoquent, peuvent devenir un moteur de changement.

Dans le présent chapitre, notre attention se portera sur la qualité de l'alignement organisationnel avec la situation désirée, c'est-à-dire la situation vers laquelle il est souhaitable d'évoluer.

Ma démarche propose d'assurer un alignement sur les quatre aspects suivants :

- la vision;

- les valeurs;

- le leadership;

- les pratiques.

La vision au service de l'évolution

Toute organisation devrait avoir une vision organisationnelle, c'est-à-dire un énoncé commun qui est partagé dans toute l'organisation et qui a pour but d'aligner les forces et les actions de celle-ci vers la réalisation de la mission organisationnelle.

Voici quelques questions à vous poser lors de cette deuxième étape :

- Avez-vous une vision établie pour les cinq prochaines années?

- Le cas échéant, soutient-elle clairement la mission organisationnelle et les objectifs que vous désirez pour l'avenir?

Habituellement, les organisations déploient beaucoup d'énergie à développer un énoncé de vision. On choisit les mots minutieusement. Souvent, la haute direction travaille avec des consultants. Puis on arrête notre choix sur un énoncé, on y ajoute du visuel, de la couleur, et on produit un beau document transformé en affiches qui seront accrochées aux murs des salles de réunion, des bureaux et de la cafétéria. Typiquement, après un certain temps, l'enthousiasme et l'inspiration de départ pour vivre en accord avec cet énoncé s'estompent.

« Votre vision se résume-t-elle à une affiche décorant la cafétéria? »

La vision est ce qui nous guide, ce qui inspire l'action et le mouvement. La vision permet de maintenir notre attention au quotidien sur ce que l'on veut réaliser. C'est le phare qui nous permet de focaliser notre attention sur ce qui est essentiel pour notre organisation et son évolution. Au-delà de cet énoncé, la vision se doit de jouer véritablement son rôle : **donner une direction**.

**« *Y a-t-il une cohérence entre la vision de l'organisation*
et la situation désirée ? »**

Le terme cohérence renvoie ici à la qualité du lien qui existe entre la définition de la situation désirée et l'énoncé de vision. A-t-on traduit ce qu'on désire réellement atteindre en des mots clairs qui servent de guide à l'action quotidienne?

Docteur Epstein, mon mentor en matière d'énergie, affirme qu'« il y a trop d'information de nos jours et pas assez d'inspiration». Or, l'inspiration est créatrice d'énergie pour alimenter le changement.

Autres questions à vous poser :

- Votre personnel est-il inspiré par la vision de l'organisation?

- Votre vision est-elle cohérente avec les raisons qui motivent le changement requis?

**« *Pour un très grand nombre de personnes, l'inspiration vient grâce à*
la cohérence; sans cohérence, l'énergie présente dans le système
se disperse et peut même générer de l'inertie devant le changement. »**

La vision guide-t-elle les décisions et les actions ?

La vision est le phare qui permet de suivre une direction et de faire des choix au quotidien qui ont du sens pour tous.

Lorsque j'ai commencé ma pratique, un de mes clients venait tout juste de terminer un exercice de planification stratégique. Devant le constat que l'organisation ne suivait pas le rythme des changements requis par l'environnement, il souhaitait qu'une vision « dynamise » la capacité d'adaptation rapide de son organisation. L'énoncé de vision qu'il a alors choisi était le suivant : « D'ici 2019, l'organisation désire développer une culture de gestion des changements ».

Croyez-vous que la vision inspire vraiment le changement ? Ou risque-t-elle plutôt de créer de la résistance ?

Pour être efficace, une vision claire et inspirante devient bien plus qu'une affiche sur un mur. Elle permet d'être conscient de l'instabilité de l'environnement, d'anticiper les changements nécessaires et de répondre à ces derniers pour assurer l'atteinte des résultats envisagés avec efficacité et agilité.

Est-ce que la vision de l'organisation où vous oeuvrez inspire le changement?

Habituellement, lorsqu'une organisation définit sa vision, les équipes se mettent en mode « gestion du changement » avec le soutien d'agents de changement internes et/ou externes. Les quoi, qui, quand et comment sont alors définis et la vision se traduit en résultats et en plans d'action. Pour ce faire, les modèles en place sont tous aussi bons les uns que les autres : ils permettent de clarifier la direction dans laquelle on s'engage et de planifier les ressources requises en cours de route. Bien souvent, en revanche, les agents de changement dirigent, ensuite, leur attention sur l'encadrement nécessaire pour exécuter les changements, afin de réduire la résistance et d'accélérer l'atteinte des résultats. Cette approche systémique a pour prémisse que le changement n'est pas le bienvenu et qu'il est difficile de changer…

Dans l'approche que je vous propose, la démarche nécessaire au changement est, au contraire, organique et soutenue. Dans une culture qui soutient l'évolution, l'attention est focalisée sur l'essence de la vision, c'est-à-dire sur une attention quotidienne au fameux « pourquoi », dont Simon Sinek (2009) traite dans son œuvre « Start with Why ». Il est plus facile de changer lorsqu'on est inspiré par notre raison d'être puisque la vision n'est alors pas simplement un résultat à atteindre à un moment donné.

« Le changement est facilité par une vision claire, cohérente et inspirante. »

Les valeurs au service de l'évolution

Le premier point d'ancrage étant la vision (dans quelle direction se dirige-t-on ?), les valeurs organisationnelles sont le deuxième point d'ancrage au service de l'évolution. De temps à autre pendant le processus, prenez un moment pour réfléchir à nouveau aux valeurs en place et comment celles-ci se vivent-elles au quotidien dans l'organisation où vous oeuvrez?

Les questions à vous poser pour préciser vos valeurs sont :

* Avez-vous des valeurs pour votre organisation?

* Sont-elles d'importance égale?

* Est-ce qu'elles sont en nombre suffisant?

* Est-ce que vos employés de tous les niveaux vivent les valeurs de l'entreprise au quotidien?

* Est-ce que vos clients font l'expérience de la manifestation de ces valeurs?

Si vous avez répondu « non » à une ou à plusieurs de ces questions, voici une occasion extraordinaire pour commencer votre démarche à bâtir une culture d'évolution. L'approche développée dans ce livre vous inspirera et vous guidera dans cette transformation.

«Vos valeurs fondamentales sont-elles à valeur égale?»

Un jour, un de mes collègues soutint que, parmi nos valeurs organisationnelles, la valeur de l'excellence devait surpasser toutes les autres, incluant celle de la collaboration et du respect. Cette opinion m'a surprise et amenée à réfléchir davantage à la question de l'importance des valeurs. J'en suis arrivée à croire qu'il ne devrait pas y avoir de hiérarchie entre les valeurs dites fondamentales d'une organisation. Pour permettre aux valeurs fondamentales de jouer efficacement leur rôle d'ancrage, je suggère d'envisager que chacune de vos valeurs soit dotée de la même valeur relative. Si vous jugez que parmi vos valeurs organisationnelles certaines sont plus importantes que les autres, c'est peut-être un indice que vous en avez choisi trop.

Prenons l'exemple d'un hôpital qui a identifié **quatre valeurs** fondamentales, soit : le respect, la rigueur, la collaboration et la compassion. Une décision qui reposerait sur ces quatre valeurs peut donner d'excellents résultats sur le plan de l'expérience des clients. Imaginons maintenant qu'une équipe prenne une décision qui ne reposerait que sur trois de ces quatre valeurs en pensant que cela est suffisant. Croyez-vous que cet hôpital serait en bonne posture pour développer une culture basée sur ses valeurs ? À mon humble avis, aucune valeur fondamentale ne mérite un rang hiérarchique inférieur ou supérieur aux autres, elles forment un tout, un seul socle solide sur lequel l'on peut fonder nos décisions et nos actions.

« Les valeurs se traduisent-elles en comportements menant vers la situation désirée ?»

Choisir des valeurs organisationnelles est un art en soi. Nous avons souvent tendance à en sélectionner trop dans un souci d'être inclusif. Lorsqu'un client me demande mon avis pour son organisation, j'évite de lui donner un nombre précis de valeurs, je l'invite plutôt à réfléchir sur les valeurs organisationnelles avec ses équipes sur 4 thèmes : la personne, le rôle, l'équipe et le milieu et ce, en lien avec la vision souhaitée. Je m'inspire souvent du modèle intégral des 4 quadrants de Ken Wilber pour intégrer autant l'individuel que le collectif et l'intériorité que l'extériorité. Cependant, je souhaite toujours que mes clients considèrent comme valeur fondamentale celle du respect.

> ### Les jeunes adultes et le respect
> Les jeunes adultes auront une forte tendance à respecter seulement les gens qui les respecteront en retour. (Sheahan, 2005) Ils veulent être pris au sérieux. Lorsqu'ils le sont, ils démontrent une ouverture à la collaboration. Ils souhaitent avoir la chance d'apprendre et relever des défis, mais ils seront davantage disposés à le faire s'ils sont respectés en tant que personne. (Bernier 2016)

Le respect : une valeur sûre

À mon avis, le respect est un gage de culture saine car le respect véritablement véhiculé engendre la confiance dans le milieu. Je recommande à tous mes clients *d'institutionnaliser* la valeur de respect en comportements de bienveillance et d'inclusion des différences dans leur milieu de travail.

Posez-vous ces questions :

- Lorsqu'un nouveau ou une nouvelle employée arrive dans l'organisation, perçoivent-ils que le respect est une valeur vécue au quotidien?

- Croyez-vous que vos clients ressentent le respect en tout temps lorsqu'ils sont en contact avec votre milieu?

Lorsqu'on définit collectivement les comportements associés au respect et que les leaders en sont des modèles au quotidien avec leurs équipes, on bâtit une culture qui détermine la couleur et la texture de la qualité des interactions humaines au sein du milieu de travail, qualité qui se transforme systématiquement en synergie et en succès.

« Les valeurs personnelles des employés doivent-elles être les mêmes que celles de l'organisation? »

Les comportements générés par l'ancrage des valeurs de l'organisation forment la culture de l'organisation. Lorsqu'on recrute de nouveaux employés, ils font l'expérience de cette culture. L'ancrage des valeurs devient un mécanisme visant à développer une culture solide et à attirer les employés qui partagent les valeurs organisationnelles. Lorsque les comportements du personnel reflètent plus ou moins les valeurs de l'organisation, la culture est moins bien définie, laissant de la place à l'ambigüité et à la friction entre valeurs personnelles et valeurs organisationnelles.

Ce qui va favoriser l'ancrage des valeurs organisationnelles est leur lien avec la vision de l'organisation qui se bâtit ainsi :

- les valeurs sont choisies collectivement en lien avec la vision;

- elles se traduisent en comportements, véhiculés et valorisés au quotidien, en premier lieu par les leaders;

- elles soutiennent la prise de décision à tous les niveaux.

Le leadership au service de l'évolution

J'ai fait allusion, à quelques reprises déjà, au rôle du leader pour mener l'organisation à bon port. Le leader est guidé par la vision et perçoit les opportunités dans son environnement, tout en veillant à respecter les valeurs de l'organisation. Son rôle est d'anticiper et de favoriser l'évolution dans un monde de plus en plus changeant, d'inspirer et de soutenir autrui pour lui permettre de se dépasser.

Quelques questions à vous poser ?

- Vos leaders sont-ils focalisés sur la vision ou sur les problèmes?

- Vos leaders inspirent-ils une vision partagée ou gèrent-ils des ressources?

- Vos leaders incarnent-ils le changement ou gèrent-ils des processus?

> ## Pratiques d'excellence du leadership à l'aube de la 4e révolution industrielle
>
> Cinq pratiques d'excellence en leadership ont été observées. « Les leaders remettent en question le processus, inspirent une vision partagée, donnent aux autres la possibilité d'agir, montrent la voie par l'exemple et éveillent les émotions et inspirent. » (Henein et coll., 2007)

Le leadership a, depuis toujours, une fonction critique dans les organisations. Toutefois, la transformation du style de leadership qui doit s'opérer maintenant n'a rien à voir avec l'évolution qu'a subie le leadership au cours des dernières décennies.

La proposition que je fais dans ce livre est de développer des leaders partout dans l'organisation. Qui sont ces leaders? Ils sont les intrapreneurs, soit des employés engagés à contribuer à faire une différence dans leur milieu et qui accueillent les changements avec plus d'aisance. En développant la capacité individuelle de changer et le désir de se dépasser chez l'ensemble du personnel, on crée ce que j'appelle **leadership partagé**.

Le leadership partagé : le leadership de l'heure!

« Les défis d'aujourd'hui commandent un leadership différent»

En fait, on souhaite que les équipes, d'une part, réalisent des changements sans avoir besoin de les y forcer et, d'autre part, trouvent efficacement des réponses aux besoins des clients, qui sont de plus en plus diversifiés et complexes.

Selon moi, le **leadership partagé** est l'expression de la capacité de l'ensemble des membres d'une organisation à percevoir l'ensemble de leur environnement et à sentir le besoin de se réaliser et d'évoluer pour s'adapter aux nouvelles situations avec efficacité et agilité.

On bâtit, ainsi, une intelligence collective dans l'organisation, qui permet d'améliorer les résultats tout en engageant l'organisation dans un processus d'évolution continue.

Le leadership partagé et l'engagement du personnel

L'expression du leadership partagé de Mintzberg

L'étude nous révèle, entre autres, que les dirigeants Y se perçoivent comme des leaders transformationnels qui préconisent un leadership partagé (concept du *communityship*). Ils privilégient majoritairement une approche horizontale dans l'organisation du travail, entre autres pour accentuer la collaboration.

Le **leadership partagé** permet de reléguer au second plan les intérêts individuels des employés au bénéfice d'une contribution collective, par le biais de laquelle ils ressentiront un sentiment d'accomplissement, qui n'est autre que la base de l'engagement. De cette manière, tout le monde est gagnant : on permet au personnel de se réaliser individuellement ce qui propulse les réalisations collectives.

Je présente à nouveau la pyramide de la hiérarchie des besoins de Maslow, vue sous le prisme du degré d'engagement du personnel, pour illustrer le degré de satisfaction des besoins fondamentaux de l'employé vis-à-vis de son degré d'engagement dans l'évolution de l'organisation dans laquelle il travaille. L'explication succincte de la pyramide déjà citée est qu'il y a 5 besoins fondamentaux de l'être humain, les besoins retrouvés au bas de la pyramide sont des besoins primaires. Si ceux-ci ne sont pas comblés, il est pour ainsi dire impossible d'accéder aux besoins plus haut sur la pyramide qui sont des besoins plus en lien avec la croissance personnelle. Ainsi, certains auteurs ont établi un parallèle entre ces besoins et le niveau d'engagement du personnel.

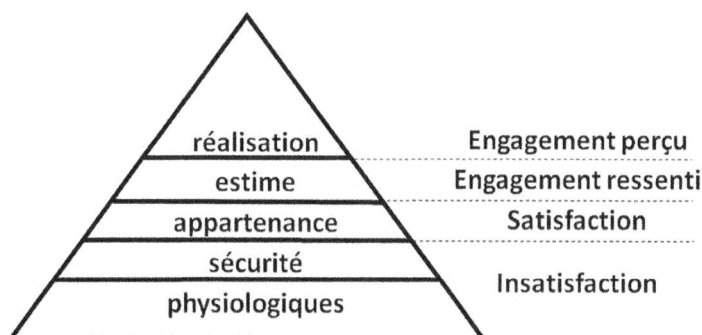

Figure : Besoins fondamentaux selon Maslow (1943) en lien avec le degré d'engagement du personnel.

Les pratiques au service de l'évolution

Le dernier ancrage dont je souhaite parler est celui des **pratiques organisationnelles**. Par « pratiques », j'entends les politiques, les processus et les habitudes de gestion créés au fil des ans pour encadrer et organiser le fonctionnement de l'organisation. Le premier rôle des pratiques est de soutenir l'organisation dans ses actions. On réalise, cependant, qu'elles ont une tendance naturelle à favoriser le statu quo plutôt que l'évolution, et ceci est bien normal. Après tout, c'est leur rôle de délimiter le terrain de jeu et d'établir les règles qui prévalent dans la culture de l'organisation. Le **rôle du leadership est d'assurer l'évolution des pratiques organisationnelles** pour soutenir l'organisation vers la réalisation de sa vision. À cette étape de la démarche, certaines pratiques devront absolument être modifiées pour favoriser une meilleure réponse organisationnelle aux pressions de l'environnement.

Quelques questions à vous poser :
- Quels processus, quelles politiques, quelles structures ou même quelles pratiques apparaissent dépassés?

- Quels processus, quelles politiques, quelles structures ou même quelles pratiques sont absolument essentiels pour atteindre les objectifs désirés?

Examinons une pratique qui tend à s'imposer dans les organisations sans pour autant servir de manière efficace. Depuis quelques années, j'invite mes clients à réfléchir au processus d'évaluation du rendement (ER) applicable dans les organisations. Toutes les grandes organisations évaluent le rendement de leurs employés. Cependant, il est important de questionner cette pratique : pourquoi évaluer le rendement? Est-ce que le processus d'ER est cohérent avec la vision de l'organisation? Quels sont les objectifs visés par cet exercice et contribuent-ils à l'évolution de l'organisation?

La plupart des organisations utilisent encore l'ER individuelle sur une base annuelle. C'est le modèle, en place depuis longtemps, qui permet de donner de la rétroaction aux employés sur leurs objectifs annuels et, dans certains cas aussi, de déterminer la rémunération au rendement. À l'ère des communications instantanées et de l'évolution rapide, l'ER nous sert-elle toujours aussi bien?

De prime abord, cesser de faire l'ER individuelle annuelle peut être perçu par l'organisation comme une remise en question gigantesque, mais quand on y pense bien et sachant que le modèle en place est lourd et probablement vide de sens pour la majorité des employés, je suggère que ces derniers soient invités à explorer une nouvelle pratique et à se poser des questions telles que :

- Pourquoi procède-t-on encore à cette évaluation une fois par an?

- Quels résultats désire-t-on vraiment obtenir?

- Qu'elle est la solution aux besoins présents?

Harvard Business Review a publié d'excellents articles sur les sujets ; j'invite les décideurs dans le domaine de l'ER à s'inspirer de ce qui se pointe à l'horizon comme évolution dans le domaine et qui a du sens pour leur milieu.

Dans une culture d'évolution, il devient plus facile d'identifier ce qui ne sert plus et décider soit le remplacer ou soit, tout simplement de l'éliminer pour atteindre de meilleurs résultats. Le lecteur pourra être intéressé par le processus d'adaptation par l'action (Adaptative Action process) de Eoyang et Holladay qui est une méthodologie simple d'analyse dans un monde de plus en plus complexe. Ce genre de méthodologie qui fait appel à l'intelligence collective et qui est orientée vers l'action permet d'avoir accès à l'énergie de transformation.

« Êtes-vous prêt à stimuler votre milieu en laissant de côté les pratiques qui ne servent plus vos besoins actuels»

Il est vrai qu'il peut être déstabilisant d'éliminer une pratique organisationnelle qui existe depuis très longtemps et à laquelle on est habitué. Cependant, il s'agit d'accepter de créer un espace d'instabilité vis-à-vis de cette pratique qui semble présente depuis toujours et et qui se justifie depuis toujours par sa seule présence. Créer cet espace permettra de faire émerger la créativité chez les employés qui travailleront à trouver une nouvelle pratique pour remplacer l'ancienne tout en soutenant la vision organisationnelle. Une fois identifiée et mise en place, la nouvelle pratique apportera satisfaction et stabilité.

J'ai œuvré dans le monde des relations de travail au début de ma carrière et voici probablement la première règle que j'y ai apprise : «On ne veut pas créer de précédent!» Quand on y pense bien, la peur de créer un précédent correspond à la peur d'essayer quelque chose de nouveau, à la peur de se tromper. Les organisations veulent innover pour relever les défis d'aujourd'hui. Mais, simultanément, elles demandent à leurs gestionnaires de ne pas créer de précédents et mettent un encadrement et des spécialistes en place dont le rôle est de s'assurer du respect des politiques et des processus en vigueur et de porter une grande attention aux risques pour l'organisation. On veille ainsi à ce qu'il n'y ait pas beaucoup d'espace pour innover… Voici une bonne recette pour perdre de vue progressivement la raison d'être de l'organisation.

Un exemple récent peut être exploré. En 2016, les décideurs du développement et de l'implantation du nouveau système de paye du gouvernement fédéral (le système de paye nommé Phénix) se sont éloignés de leur mission, qui est de soutenir leur organisation. Je ne connais pas tous les écueils du projet, mais de toute évidence, le leadership en place a perdu de vue l'essentiel du projet : une organisation paie ses employés pour les services rendus. Il s'agit là d'une fonction vitale pour toute organisation, aucune organisation ne survit habituellement à son incapacité de payer pour les services rendus.

Dans cet exemple, le leadership a manqué de perspective et a failli à son rôle de phare au niveau de l'encadrement du projet pour le mener à bon port. Introduire un nouvel outil informatique aussi critique dans un environnement aussi complexe sans le leadership et le personnel expert en nombre suffisamment grand pour le mettre en œuvre constitue une erreur systémique et d'abord une erreur de leadership sans précédent. Devant la complexité des milieux et des systèmes, seule la confiance mise dans un leadership partagé à tous les niveaux d'une organisation peut éviter ce genre de situation malheureuse.

Au fil de ma carrière en tant que VP-RH, j'ai vu de nombreuses situations où un écart pouvait être constaté entre le résultat obtenu et le résultat attendu. Si je prends comme exemple l'application d'une politique organisationnelle, la raison pour cet écart était souvent le manque de perspective alimentée par ce genre de discours : « une politique est une politique », « la loi, c'est la loi », « on ne peut pas faire cela », ou encore « on comprend vraiment votre besoin, c'est une bonne idée, mais la politique est claire et on ne peut pas la changer ». Cependant, sans perspective, c'est-à-dire sans prendre de hauteur devant nos pratiques de gestion, il est difficile de s'améliorer et d'évoluer.

Les leaders détenteurs de l'autorité (leaders formels) ont la responsabilité non seulement de se poser les bonnes questions, mais aussi, et plus encore, de permettre au personnel de toujours mettre en doute la pertinence des pratiques en place, de penser « en dehors de la boîte » ou « d'élargir la boîte ».

Dans la culture d'évolution que je vous propose, les leaders sont plus à l'aise de contester le statu quo et à permettre des exceptions, qui seront reproduites ou non selon les circonstances. Ces nouveaux muscles de leadership d'évolution vont créer **une confiance systémique**, qui permet non seulement de réduire la peur des précédents, mais aussi de repousser les limites des pratiques existantes.

« Les leaders ont le pouvoir et le devoir de modifier les pratiques organisationnelles voire de créer des précédents pour permettre l'évolution saine de l'organisation. »

Je ne prône certainement pas que les leaders créent des ondes de choc de l'amplitude de celles subies par l'Hôpital Montfort (voir *supra*) pour faire évoluer leur organisation! Cependant, le rôle du leader est de ne pas hésiter à créer des conditions qui favoriseront un changement au-delà des petits incréments qui, bien que sécurisants, ne débouchent pas sur une grande évolution.

Le leader d'évolution est le gardien de l'alignement

C'est l'alignement organisationnel (ou la cohérence) de la vision, des valeurs et des pratiques qui permet à l'énergie de transformation de faire son œuvre et à l'organisation de soutenir son évolution. Cet alignement est d'autant plus efficace lorsqu'il y a un leadership partagé, grâce auquel chacun des dirigeants et des employés contribuera à soutenir l'évolution de l'organisation.

Le leader d'évolution est en quête d'énergie de transformation

La beauté du leadership partagé est que le leader fonctionnel peut, enfin, évoluer vers un rôle d'influence et de collaboration plus important, plutôt qu'être cantonné à un rôle de gestion traditionnel.

Depuis longtemps, il est recommandé aux leaders d'être présents dans leur milieu. Je me rappelle qu'il y a plus de 15 ans, l'un de mes mentors me suggéra d'être plus présente « sur le terrain ». Il me rappela que le rôle d'un VP-RH est d'aller parler régulièrement avec le personnel pour connaître leurs opinions quant à certaines interrogations : «Comment ça va? Comment va la business? Est-ce que quelque chose accroche? Qu'est-ce qui pourrait être amélioré?». Toutefois, ma réalité quotidienne ne me le permettait pas : les réunions et la gestion des processus ne me laissaient aucun créneau disponible. Nous étions tous, mes collègues et moi, tellement occupés que cela aurait même été mal vu d'aller « se promener » chaque jour sur le « terrain » !

La plupart de mes clients qui détiennent des postes de cadre supérieur, que ce soit dans le monde municipal, fédéral ou de la santé, ont des agendas quotidiens qui ne laissent aucune place à la spontanéité, sans compter qu'ils travaillent aussi les soirs et les fins de semaine. Comment trouver l'occasion d'être créatif et d'évoluer dans ces conditions?

Un de mes clients me disait récemment : « On a une équipe talentueuse, on a des employés engagés, on a d'excellentes idées, on a le courage et la volonté d'agir mais on ne se donne pas les moyens, en fait, on ne se donne pas le temps pour véritablement passer à un autre niveau.» Les leaders d'évolution accordent plus de place aux échanges spontanés avec le personnel et les clients car ils en perçoivent les bénéfices.

Résumé du chapitre

L'énergie de transformation apparaît avec l'alignement de la vision, des valeurs, du leadership et des pratiques de l'organisation.

L'alignement organisationnel réduit la résistance au changement et permet au système de se transformer plus facilement.

Il n'est plus nécessaire de forcer le changement. Le système évolue grâce à l'énergie de transformation qui est libérée par la nouvelle culture organisationnelle. Cette énergie est illimitée.

Chapitre 4 : Étape 3 - Leadership : Passer à l'action

Développer un leadership d'évolution - Créer un leadership partagé où tous les employés sont engagés dans l'évolution de l'organisation

Dans ce chapitre, nous allons plonger au cœur des éléments qui soutiennent le développement du leadership partagé. Rappelons que je considère le **leadership partagé** comme étant l'expression de la capacité de l'ensemble des membres d'une organisation à percevoir l'ensemble de leur environnement et à sentir le besoin de se réaliser et d'évoluer pour s'adapter aux nouvelles situations avec plus d'efficacité et d'agilité.

Le développement de cette capacité chez tous les employés d'une organisation permet à celle-ci de bâtir une culture qui soutient l'évolution. Cette culture a pour caractéristique d'accueillir plus facilement les sources d'instabilité et de les envisager comme des leviers de transformation.

Auparavant, on s'attendait à ce que le leader joue seul un rôle proactif et d'initiateur de changement. Le leader devait prévoir les besoins et les orientations stratégiques, mais aussi définir le comment et les limites du terrain de jeu de l'organisation (objectifs, résultats à atteindre et règles). Une fois ceci accompli, on lui confiait la tâche de veiller au respect du terrain de jeu, ce que je nomme le cadre de gestion. Quant aux employés, il leur était demandé d'assumer un rôle essentiellement passif, d'être bons joueurs, c'est-à-dire de maintenir le statu quo et de respecter les règles du jeu. Évidemment, tout changement des règles suscitait une réaction et de la résistance.

Le leadership partagé, lui, implique que les employés soient proactifs et engagés dans l'évolution de l'organisation. Imaginez qu'ils accueillent positivement un changement, parce qu'ils perçoivent les opportunités qu'un tel changement ouvrirait. Ils auraient alors la motivation et l'énergie nécessaires pour agir avec confiance.

Comment créer un leadership partagé? À mon avis, tout le personnel a le potentiel d'être intrapreneur. Il s'agit de libérer l'énergie de transformation présente dans l'organisation et chez tous les employés puis d'entretenir cette qualité d'énergie pour qu'elle s'autogénère sans cesse.

Il faut se rappeler que l'énergie de transformation est le type d'énergie organisationnelle qui émerge lorsqu'on permet aux individus de sortir du cadre établi, d'envisager de nouvelles possibilités et d'en faire part à leurs collègues, d'être à l'aise face à différentes perspectives et, en conséquence, d'accueillir les changements qui conduiront l'organisation vers un nouvel état plus performant et plus satisfaisant.

Lorsqu'on sait ce qui affecte l'énergie organisationnelle, on peut mieux choisir et agir. J'ai identifié les principaux facteurs qui affectent l'énergie organisationnelle. Il pourrait y en avoir plusieurs autres à l'étude, car tout est énergie. Cependant, selon mon expérience les cinq facteurs suivants sont assez larges et ciblés pour transformer le milieu de travail:

1. **la culture** – on y revient encore, la culture peut ne faire qu'une bouchée des stratégies ! Elle est la fondation de tout et, en particulier, de l'énergie organisationnelle;

2. **la complexité** – le cadre de gestion par ses règles, ses structures, génère une certaine complexité et cette complexité affecte l'énergie de l'organisation;

3. **les émotions** – la compétence émotionnelle (« intelligence émotionnelle ») est une compétence essentielle, car les émotions sont une source d'énergie considérable;

4. **la santé du personnel** – c'est la base, la fonction vitale de tout système;

5. **le focus** – habituellement pris pour acquis, il doit être ajusté régulièrement, car le flou disperse l'énergie.

La puissance de la culture organisationnelle

Pourquoi revient-on toujours à la culture? Parce que c'est le socle de toute communauté. Tout ce qui n'est pas compatible avec la culture est rejeté. C'est la nature même de la culture de se protéger soit en intégrant ce qui est semblable et en rejetant ce qui est différent.

De manière générale, l'humain façonne la culture, qui est le résultat des comportements à l'intérieur d'un groupe. Dans une organisation, la manifestation des comportements organisationnels définit la qualité de l'expérience du personnel et de celle des clients. Lorsque de nouvelles personnes se joignent à l'organisation, elles font l'expérience de la culture organisationnelle propre à cette dernière et témoignent, ensuite, de leur envie de reproduire les comportements intégrés dans cette culture.

Le rôle d'une culture étant de préserver sa nature, elle aura tendance à recourir à l'énergie de survie (en cas d'agression) et à l'énergie de maintien (en temps normal). En revanche, si la culture organisationnelle est bâtie de manière à soutenir l'énergie de transformation, elle préservera l'autogénération de cette qualité d'énergie et soutiendra l'évolution de l'organisation.

Rappel :

- **l'énergie de survie** est celle qui est au service d'une fonction vitale qui est en danger ; cette énergie implique une
  concentration des activités pour protéger le système;

- **l'énergie de maintien** est au service du bon fonctionnement des opérations quotidiennes; cette qualité d'énergie
  de stabilité implique de l'optimisation mais pas de changements de procédés puisqu'elle recherche à préserver le
  statu quo;

- **l'énergie de transformation** est au service de l'évolution
  et donc de l'adaptation rapide et de l'innovation.

L'énergie de transformation est induite automatiquement
par les grands changements et les sources d'instabilité importantes
dans l'environnement qui, en provoquant une forte réaction, for-
ceront à sortir du statu quo. Rappelez-vous l'exemple de l'Hôpital Montfort, où la menace de fermeture a généré une réaction
qui a permis une transformation massive de l'organisation : si le
résultat fut fantastique, la décision initiale, génératrice du choc et
initiatrice d'un changement drastique avait pour but de détruire
l'institution!

La solution que je vous propose dans ce livre est de susciter
cette énergie de transformation sans que l'organisation ait à faire
face à de grandes instabilités non planifiées et sans avoir à créer «
un sentiment d'urgence » comme le suggèrent plusieurs modèles
de gestion du changement.

« L'énergie de transformation est au service de l'adaptation constante.
Gérer le changement devient inutile, car les changements s'intègrent
naturellement à l'évolution de l'organisation »

Dans une culture où l'énergie de transformation prédomine,
les employés s'engagent aisément dans les changements. En ce
moment, des organisations comme Sony, Google, le Cirque du
Soleil, Ubisoft, Prana, Shopify ou Cascades, pour n'en nommer

que quelques-unes, génèrent de l'énergie de transformation en continu et façonnent leur culture organisationnelle en soutenant la **capacité naturelle des individus** de s'adapter au changement. Elles invitent et soutiennent leurs employés à être des **intrapreneurs** qui perçoivent les opportunités de s'améliorer et entrent rapidement en action, assurant ainsi une évolution adaptée de leurs produits et de leur rayonnement.

La complexité du cadre de gestion

Rappelez-vous que le cadre de gestion de l'organisation c'est: l'ensemble des politiques, des processus, des structures, des modèles, des lois, des règles et des codes divers qui gouverne et qui délimite le terrain de jeu. C'est tout ce qui régit et organise le milieu de travail et le domaine d'affaires. Le cadre de gestion des organisations s'est développé à vive allure au cours des 25 dernières années, devenant de plus en plus complexe.

« Plus le cadre de gestion est complexe et rigide, plus la résistance au changement est importante encapsulant l'énergie de transformation»

La complexité encourage un réflexe d'inertie. Il est difficile de s'engager dans l'action devant un casse-tête de règles et de conventions ainsi qu'en présence de plus en plus de parties prenantes de l'organisation.

Cette complexité fait partie de l'évolution naturelle des organisations. Depuis plus de 30 ans, l'industrialisation a engendré la division du travail dans l'intérêt de la productivité, multipliant les structures et les spécialisations. Ceci est vrai tant pour le secteur des produits que pour celui des services, où les spécialistes et les ordres professionnels ont pullulé.

Un cadre de gestion est nécessaire. Comme toute chose, il est appelé à évoluer pour rester pertinent. Cependant, dans les organisations publiques et les organisations matures, il évolue plus lentement en raison de son envergure et de sa complexité. Ce qui ne lui permet pas de s'adapter au même rythme qu'évoluent les besoins des clients et de la société en général. Le cadre de gestion devient, ainsi, un frein, pour ne pas dire un obstacle, au changement.

Quand le cadre de gestion devient l'élément le plus important...

Il en est ainsi lorsque le cadre de gestion devient plus important que les besoins des clients. L'organisation est alors plus au service de son cadre de gestion que de sa mission/raison d'être. Il s'agit d'un état de fait auquel la grande majorité du personnel est typiquement sensible, car elle perd le sens de son travail.

Le cadre de gestion supporte-t-il la situation désirée?

Peu importe l'évaluation du cadre de gestion, faite en ce moment et de sa complexité, il évoluera par lui-même et dans la bonne direction sous l'effet d'une culture d'évolution.

Il convient, à court terme, de développer la capacité des leaders de voir au-delà du cadre habituel de gestion, de valider sans cesse le « pourquoi » de l'organisation − sa vision − et de faire évoluer le cadre de gestion au service des besoins émergents, tout en respectant la vision de l'organisation. Nous avons abordé ce sujet plus en détail dans le précédent chapitre (« Les pratiques au service de votre évolution ») et nous en ferons de même dans le suivant (« Cesser les pratiques qui ne servent plus »).

La place des émotions dans l'organisation

Envisageons maintenant la place des émotions dans l'organisation. Depuis, notamment, les travaux de Daniel Goleman (2005) sur l'intelligence émotionnelle, plusieurs s'intéressent aux émotions et ont été sensibilisés au besoin de prendre davantage conscience de leur expression dans le milieu de travail, afin de mieux intervenir auprès des équipes et des collaborateurs.

À mon avis, nous sommes, désormais, plus conscients des émotions ressenties par nous-mêmes et par autrui. Nous savons que l'intelligence émotionnelle est à notre service pour plus d'efficacité relationnelle. Toutefois, il faut se questionner à savoir si nous sommes vraiment plus à l'aise avec le phénomène des émotions dans le milieu organisationnel...

Questions à se poser:

- Avons-nous réellement développé la **compétence émotionnelle** au travail?

- Nous rendons-nous compte que les émotions sont une source d'énergie?

- Savons-nous mettre les émotions au service de l'évolution de l'organisation?

La place traditionnelle des émotions dans l'organisation

L'université et la société en générale nous ont formés à fonder nos décisions sur des faits, sur des preuves tangibles et sur l'état de la recherche, mais nous n'avons pas été formés à nous fier également au langage des émotions. Grâce à la recherche d'aujourd'hui, on réalise que les émotions sont une source d'énergie dont on se prive, la plupart du temps, dans nos organisations. Rappelons l'étymologie du mot « émotion ». Ce nom vient du latin : *motio* (mouvement) et *e* (qui vient de). L'émotion est donc un mouvement intérieur provoqué par une stimulation extérieure.

Même si le concept d'intelligence émotionnelle est connu depuis longtemps, l'expression des émotions demeure un sujet sensible, en particulier dans nos milieux professionnels où ces dernières sont souvent perçues comme un signe de faiblesse ou de manque de contrôle. Pourtant, il est tout à fait naturel qu'une personne réagisse à un stimulus extérieur (par exemple, lors d'une conversation avec un collègue), autrement dit qu'elle ressente des émotions et les exprime. À bien y réfléchir, ce qui nous dérange, c'est l'expression d'émotions vives telles que la colère, la tristesse ou encore la peur (les cris, les paroles vives, les pleurs, le repli sur soi). Mais les émotions ont, en fait, beaucoup à nous offrir en leur qualité de source d'information et dans l'observation de l'énergie en circulation. Évidemment, on préfère que l'expression de la colère se traduise sans causer trop de dommages au milieu! Et on espère ne pas avoir à faire face à un collègue en larmes! Néanmoins,...

« Pensez aux plus importantes décisions que vous avez prises dans votre vie.

Ne provenaient-elles pas d'une émotion que vous avez ressentie et qui s'est transformée en une pensée, puis en une action voire même en une réaction? »

Lorsqu'on demande aux plus puissants leaders de ce monde quel est l'événement significatif qui a provoqué un changement important dans leur vie, leur réponse ressemble, la plupart du temps, à la suivante : « Je ne suis pas certain que c'était un événement comme tel, c'était plus un pressentiment, une intuition qui me conduisait à faire quelque chose et je l'ai fait... J'étais comme attiré dans cette direction... »

La puissance des émotions

L'exemple qui me fait toujours sourire est celui de l'achat d'une nouvelle voiture. Pour la majorité d'entre nous, c'est rarement notre liste des « pour et contre » qui fait pencher la balance. Bien sûr, on examine nos besoins et la liste des avantages d'une voiture en comparaison avec une autre, mais la vérité est bien souvent celle-ci : « C'est le printemps, donc on va regarder, par curiosité, les nouveaux modèles! » Et quand on se retrouve chez le concessionnaire, quelque chose se passe : « C'est cette voiture qu'il nous faut! ». Et bien, voici une émotion à l'œuvre!

Les émotions nous donnent constamment de l'information sur ce qui nous interpelle dans notre environnement, consciemment ou non. N'oublions pas que notre cerveau a été bâti pour percevoir de manière particulièrement efficace et très rapide toute source d'information qui permettrait de détecter une situation potentiellement dangereuse pour notre survie. Percevoir la nature exacte des émotions reliées à une situation, puis les évaluer de manière consciente et posée, nous permet d'aller en profondeur pour en conclure qu'il existe un réel danger ou, tout simplement, une émotion instinctive de survie. Ce qui nous amène à un autre niveau d'information : avez-vous développé la capacité d'accueillir les émotions, les vôtres et celles de vos collègues, pour pouvoir aller puiser dans l'information qu'elles transmettent? Pour aller plus loin, le lecteur pourrait être intéressé, notamment par le livre de McLaren, The langage of Emotions cité dans la bibliographie.

L'intelligence émotionnelle nous permet de percevoir, de capter les émotions présentes dans le moment. À mon avis, il reste à développer une réelle **compétence émotionnelle**, soit celle qui nous permettra d'améliorer la qualité des relations et l'efficacité de la prise de décision sur la base des émotions que nous rencontrons en interagissant avec autrui dans un milieu de plus en plus rapide et complexe.

Laisser plus de place aux émotions dans l'organisation

Imaginez que l'un des membres de votre équipe qui dirige un projet évoque ses doutes : « Je ne sais pas, je ne le sens pas depuis le début ; il y a quelque chose qui me dit qu'on n'est pas prêt, je sens qu'il nous manque quelque chose dans ce projet ». Il s'agirait, en fait, d'une possibilité de se questionner et de revoir le plan de projet en équipe sur la base de l'expression de ce sentiment d'incertitude et, par conséquent, de profiter de l'occasion pour bonifier le plan initial. Émettre clairement un sentiment d'incertitude permet d'anticiper des risques et d'agir de manière réfléchie. Sans espace pour exprimer des émotions, nous perdons la possibilité d'améliorer une situation qui nous semble incertaine.

La compétence émotionnelle permet de développer une forme de radar chez le personnel pour s'assurer d'être toujours au service de notre raison d'être. En effet, si l'on répugne à agir, c'est habituellement parce que l'action envisagée est contraire à nos valeurs, ou encore que l'on va dans une direction qui diverge de notre vision.

Si cela n'est pas le cas, il est néanmoins important de le vérifier sur la base du sentiment qui a surgi.

La compétence émotionnelle : une compétence sûre!

La connaissance de soi est la base de la compétence émotionnelle

*Notre recherche nous a également confirmé que les dirigeants Y sont dotés d'une intelligence émotionnelle développée. Celle-ci leur procure un atout additionnel important comme leader. La connaissance de soi, qui est à la base de l'intelligence émotionnelle, représente assur*ément le lieu de départ du véritable leadership. Le contexte familial dans lequel les milléniaux ont grandi a facilité l'émergence de cette facette de leur personnalité. (Bernier 2016)

Plusieurs outils permettent de développer la compétence émotionnelle. Dans ma pratique, j'en utilise certains pour aider mes clients à reconnaître les émotions face à une situation donnée. Par exemple, la méthode des six chapeaux d'Edward de Bono (2011), un outil d'ailleurs que le Cirque du Soleil a utilisé dans ses processus de créations. Cette méthode découle de l'observation que différentes manières d'agir existent face à une même situation problématique. Plus précisément, pour examiner une situation donnée, elle consiste à prendre successivement six points de vue différents qui peuvent être considérés comme l'expression de six modes émotionnels dissociés.

Peu importe les outils, je suggère que la compétence émotionnelle soit développée par la pratique et adoptée comme une **compétence-clé** dans le cadre des partenaires d'affaires RH!

« La compétence émotionnelle fera-t-elle partie, un jour, des compétences-clés de tout votre personnel? »

La santé du personnel au service de l'évolution

On ne peut pas parler d'énergie organisationnelle sans parler de la santé des employés et des leaders. Chacun de nous a la responsabilité personnelle de s'occuper de sa santé physique, mentale et sociale. Soit, mais qu'arrive-t-il à l'organisation si son personnel n'est pas en santé?

Vers une perspective plus globale de la santé

Le thème de la santé est de plus en plus populaire et il évolue constamment, car il embrasse un marché de grande ampleur dans lequel il est nécessaire de se repositionner sans cesse.

Au début du 20e siècle, la santé était définie comme l'absence de maladie. La fonction principale des professionnels qui oeuvrent en santé et en sécurité au travail (SST) avait pour objectif de limiter les coûts des absences pour raison de maladie et de s'assurer que les employés ne représentaient pas un risque dans leur milieu professionnel en raison de leurs problèmes de santé. On gérait rigoureusement les coûts de l'absentéisme, on vaccinait les travailleurs et on offrait des services d'aide aux employés pour les aider à résoudre des problèmes de nature personnelle, afin d'éviter que cela dégénère en problème de santé et se traduise en absence au travail.

Depuis 1946, l'Organisation mondiale de la santé (OMS) définit la santé de façon plus holistique. La santé est définit comme « un état de complet bien-être physique, mental et social, et ne consiste pas seulement en une absence de maladie ou d'infirmité» (OMS, 1946). L'OMS fait donc référence tant à la condition physique des gens qu'à leurs conditions mentale et sociale. Avec le temps, l'évolution du concept de santé a permis de comprendre qu'un personnel en santé a un meilleur rendement. On a pris conscience qu'investir dans le mieux-être du personnel est bon pour les affaires et que l'entrainement physique et les programmes de mieux-être en entreprise permettent aux organisations de se distinguer et d'augmenter leur valeur aux yeux des employés.

Néanmoins, au-delà de ces prises de conscience salvatrices, je crois qu'on commence tout juste à réaliser à quel point il est essentiel d'avoir une main d'œuvre en santé physique, mentale et sociale.

« *Pourquoi les indicateurs de la santé du personnel devraient-ils figurer au tableau de bord de l'entreprise?* »

En ne gérant que l'absentéisme du personnel sans comprendre les raisons de celui-ci, nous entretenons au mieux l'énergie de maintien.

En investissant dans la santé plus holistique du personnel (physique, mentale et sociale), l'organisation en récolte les bénéfices d'une meilleure santé et l'énergie de transformation se voit offrir une possibilité d'émerger. Les employés sont plus aptes à accueillir les changements dans leurs environnements professionnel et personnel et à participer à l'évolution de l'organisation. L'organisation sera alors en mesure d'accueillir les changements avec plus d'agilité.

Le potentiel d'une organisation en santé

Songez à une organisation qui investit dans toutes les composantes du mieux-être individuel et social : activité physique, gestion du poids et des dépendances, formation continue diversifiée, coaching, mentorat, codéveloppement et interactions sociales. Cette organisation favorise la connaissance de soi et des autres pour développer une capacité à composer avec des situations stressantes et des enjeux relationnels dans le respect et l'efficacité, tout en générant un haut degré de satisfaction chez le personnel.

« *Comment contribuer à l'amélioration de la santé du personnel pour transformer l'organisation?* »

Prenons l'exemple d'Ubisoft, une organisation créative et agile ayant une filiale à Montréal. Comme la plupart des compagnies informatiques, elle a commencé à installer des salles d'exercices pour permettre à ses employés d'aller s'entraîner durant leurs heures de travail. Cela a, tout d'abord, été envisagé comme un bénéfice accessoire ; cependant, les dirigeants d'Ubisoft ont rapidement réalisé que l'usage de ces salles réduisait le taux d'absentéisme et augmentait le rendement et la créativité des employés qui les utilisaient. De plus, ils ont observé une relation entre l'activité physique et une alimentation saine, le tout influant positivement sur la performance de l'organisation. À l'heure actuelle, ils révisent annuellement leur programme de mieux-être au travail dans le cadre de leur plan stratégique pour l'adapter. Leur programme de mieux-être est devenu plus qu'un simple avantage compétitif.

Le focus au service de l'évolution

Le **secret le mieux gardé est que l'énergie va où on met notre attention**. Le focus organisationnel est donc très puissant, car il mobilise l'énergie dans la direction désirée. A *contrario*, si l'attention navigue sans arrêt d'une priorité à l'autre parmi de multiples priorités, l'énergie organisationnelle se disperse et ne permet pas à l'organisation d'avancer de manière définie.

« Sur quoi dirigez-vous votre attention, en ce moment? »
« Lorsque notre vision est importante, ça vaut la peine d'y rester fidèle malgré les sources de distraction sur le parcours. »

La tendance naturelle, cependant, est de placer notre attention sur ce qui va mal soit sur les problèmes ou sur la dernière crise. On s'attarde sur les erreurs et sur les risques qu'on perçoit dans la gestion d'un projet au point où on peut même perdre de vue les besoins du client ou l'objectif premier du projet. Dans ce cas, les conséquences sont diverses et jamais constructives : retards, mécontentement des clients et des employés, supplément de ressources mobilisées ou résultats atteints plus ou moins satisfaisants.

Imaginez l'impact de la vision de l'organisation si elle devenait **LA** priorité sous-tendant toute discussion ordinaire dans chaque équipe. Chaque semaine, voire chaque jour, toute l'attention serait focalisée sur ce qu'on veut réaliser ensemble. Cette cohérence alimentée quotidiennement contribuerait à donner un sens au travail de chacun et encouragerait le dépassement de soi : l'énergie de transformation se manifesterait et se déploierait pour accomplir son œuvre, permettant à toutes les parties de l'organisation de s'aligner sur la direction exprimée par la vision de l'organisation.

Gardien du focus : une autre compétence sûre!

Maintenir le focus est, de toute évidence, un défi perpétuel, puisque nous sommes constamment interpellés par des sources de distraction tant internes qu'externes.

La clé du succès est de s'exercer à repositionner le focus sur la vision, de manière utile et pertinente pour le milieu de travail, par exemple, en favorisant les discussions entre collègues sur les progrès dans l'accomplissement de la vision. La vision n'est alors plus simplement un slogan inerte sur une affiche et les employés sont en mesure de partager les réalisations et les défis vécus pour évaluer cette progression vers la situation désirée.

Je vous invite à considérer le développement de cette compétence de « gardien du focus » dans votre milieu de travail. Vous allez, peut-être, préférer un autre vocabulaire : « gardien de la cohérence », par exemple, qui serait, à mon avis, tout aussi puissant, sinon plus, la cohérence étant un concept à la fois plus large et plus facilement intégrable par tous. À vous de définir cette compétence, de lui donner un nom et de la mettre en pratique pour devenir **ce gardien de la cohérence organisationnelle**.

Résumé du chapitre

L'énergie de transformation est la qualité d'énergie qui permet aux individus de sortir des sentiers battus, d'envisager plus de possibilités, d'être à l'aise avec différentes perspectives et, ainsi, d'accueillir plus facilement les changements et de passer à l'action de manière efficace. Cinq grands facteurs affectent l'énergie organisationnelle :

- la culture;
- la complexité;

- les émotions;

- la santé;

- le focus.

En agissant sur ces facteurs pour dynamiser le potentiel humain et l'engagement du personnel, on libère l'énergie de transformation. Tout le personnel suivra une vision partagée et riche, qui fera partie de son quotidien. Quand surviendra une pression de l'environnement, l'organisation saura mieux répondre, plutôt que « réagir », et ce, grâce à sa culture d'évolution qui se développera sainement.

La compétence émotionnelle et être le **gardien du focus et de la cohérence sont des compétences-clé à l'ère de la 4ᵉ** révolution industrielle.

Note : J'utilise l'expression « **culture d'évolution** » comme expression générique. Il est possible, bien sûr, de choisir un autre qualificatif pour définir la nature de la culture organisationnelle du milieu dans lequel vous oeuvrez. Le qualificatif choisi sera important, dans la mesure où il aura du sens pour l'organisation. Quelle que soit son étiquette locale, cette culture qui permet une évolution continue aura des attributs précis qui libèreront l'énergie de transformation. Ces attributs seront liés aux cinq grandes dimensions notées ci-dessus. Nous les envisagerons à nouveau dans le chapitre suivant.

Chapitre 5 : Étape 4- Encadrement : Créer les bases d'une culture d'évolution

Faire émerger l'énergie de transformation dans le milieu

Dans le chapitre précédent, nous avons vu les grands facteurs qui affectent l'énergie organisationnelle et comment nous pouvons les influencer pour libérer l'énergie de transformation qui mène à une culture d'évolution, cheminement que nous allons voir plus en détail maintenant.

Mon collègue Michel Mellinger m'a fait remarquer que ce chapitre concerne essentiellement l'aspect « gestion du changement » de ma démarche. Cette réflexion me permet de souligner qu'il s'agit, en fait, d'intégrer les principes des modèles de gestion du changement à l'intérieur d'un seul concept, soit celui de l'énergie organisationnelle. Celui-ci soutient non seulement les changements selon sa nature et sa qualité dans l'organisation, il permet surtout de tracer le chemin vers la mise en place d'une culture organisationnelle d'évolution.

Créer davantage d'ouverture à l'évolution

Comme seul le changement est permanent dans les organisations et que l'on constate les limites des outils actuels de gestion du changement, je vous invite à développer une culture qui intègre et soutient plus facilement les changements. Il y a **trois principes** pour créer plus d'ouverture au changement. Je les présente ici comme étant la méthode **RAR: Reconnaître, Accueillir et Répondre.**

1. Reconnaître que le réflexe de s'opposer au changement est normal et sain

Tout d'abord, il faut admettre qu'il est normal d'avoir un réflexe d'opposition à ce qui change et de réaction en présence d'une source d'instabilité. C'est tout simplement un comportement instinctif de protection face à un système devenant instable. L'instabilité créée par une pression de l'environnement, perturbe le cours normal des activités. Il est donc logique de voir apparaître comme premier réflexe de vouloir se protéger. Les personnes concernées perdent leurs repères et leur système nerveux réagit automatiquement, comme en présence d'un danger. Grâce aux neurosciences, on sait, maintenant, que le cerveau, lors du déclenchement d'une émotion instinctive, ne fait pas de distinction entre un danger réel et un danger simplement perçu. C'est le rôle de notre cerveau reptilien, une structure neuronale toujours présente en nous, d'accorder une attention de tous les instants à l'environnement et de percevoir le danger.

Le rôle du leader fonctionnel est de reconnaître que cette résistance est un réflexe sain et normal tant chez lui-même que chez les membres de son équipe.

2. Accueillir la réaction de protection comme un message

Dans le passé, le réflexe classique en gestion du changement était plutôt de court-circuiter ce processus normal de réaction initiale en essayant de prévenir les réactions du personnel ainsi que d'en limiter l'impact sur le changement prévu. Un peu comme réagir à l'avance à des réactions imaginées...

Le réflexe de protection nous informe tout simplement qu'un besoin est menacé. Plutôt que de l'ignorer ou de le minimiser, il convient de le comprendre : Quelles sont les craintes, les préoccupations et les peurs qui sont en jeu ? Quels sont les sentiments de perte liés à la nouvelle perspective proposée ? Il s'agit d'identifier les besoins menacés et répondre à partir de cette information.

3. Répondre au besoin menacé pour faire émerger l'ouverture au changement

À mon avis, tout être humain a la capacité de s'engager dans l'incertitude avec plus d'aisance. En contrepartie, il est nécessaire de répondre à son besoin de sécurité. Pour ce faire, il faut développer un environnement où règne la **confiance**, condition essentielle à la créativité et à l'ouverture à l'inconnu, car elle crée l'état de stabilité nécessaire pour faire le prochain pas...

« Dans une culture d'évolution, les leaders contribuent à développer le sentiment que le milieu est sécuritaire, sans danger et qu'ils soutiennent leur personnel. »

Lorsque le besoin de sécurité est comblé, qu'on a une vision claire de la situation désirée et qu'on la considère comme la meilleure dans les circonstances du moment, **le changement devient une invitation**. Peu importe ce qui va arriver, on sait que l'organisation va nous soutenir; on développe une aisance à naviguer dans un environnement plus instable.

En créant un environnement de confiance, il est possible d'obtenir tous les bénéfices découlant de la mise en pratique du concept d'« organisation apprenante ». Plusieurs organisations ont déjà parcouru un bon bout de chemin à ce niveau-là. À cette fin, elles ont créé des structures pour stimuler l'innovation et mis en place des moyens d'apprentissage par les pairs. Toutefois, à mon avis, ces moyens ne sont pas forcément en résonance avec les cadres de gestion qui ont été développés durant cette dernière décennie. D'un côté, on reconnaît la valeur de l'essai-erreur dans le processus d'apprentissage et d'innovation. D'un autre côté, l'attention prioritaire portée sur la gestion du risque dans presque toute l'organisation s'avère être un frein et affecte la qualité de l'énergie organisationnelle disponible et constitue; en conséquence, un obstacle à l'évolution de l'organisation.

« Donner le droit à l'erreur crée la condition essentielle à l'évolution :
la confiance organisationnelle. »

J'ai retenu lors d'une rencontre avec l'entrepreneur Gilles Desjardins ces quelques phrases en lien avec le processus d'apprentissage : « Les parents sont des briseurs de rêves d'enfant! Ils définissent des règles, installent les éléments de sécurité et transmettent souvent leurs propres peurs à leurs enfants… S'ils laissaient plus de place à l'apprentissage, les enfants vivraient des échecs et apprendraient de ces derniers ou rencontreraient le succès et en seraient fiers. Dans les deux cas, ce serait parfait! Cela développerait leur confiance, les poussant à oser davantage, à essayer à nouveau… »

Le « parent briseur de rêves » peut être, en quelque sorte, une métaphore à garder à l'esprit pour évaluer le cadre de gestion de l'entreprise à savoir comment il favorise ou non l'apprentissage et l'expérimentation ; comment fait-il craindre les erreurs et les conséquences? Le cadre de gestion nuit-il à l'ouverture envers l'évolution saine de l'organisation et de ses employés?

Dans mon premier emploi, à l'hôpital régional en Outaouais, il y a plus de 25 ans, notre philosophie de gestion impliquait « de reconnaître le droit à l'erreur ». Ce qui à mon avis était assez avant-gardiste…Qu'en était-il vraiment dans les faits? Étions-nous si ouverts que cela « au droit à l'erreur » dans notre milieu, un hôpital? Et que faisions-nous une fois qu'une erreur se produisait? Même en l'absence de signe de négligence, il y avait presque toujours une conséquence, au moins une réprimande, souvent une mesure disciplinaire. Rarement, les erreurs devenaient source d'apprentissage dans ce contexte.

Le rôle du leader d'évolution est de veiller à simplifier et à donner de la flexibilité au cadre de gestion pour laisser une grande place à l'initiative et à l'apprentissage, afin de créer un réel climat de confiance qui favorise l'évolution.

Cesser les pratiques qui ne servent plus

Au chapitre 3, nous avons évoqué le besoin d'aligner les pratiques avec la situation désirée. Voyons, désormais, **comment permettre l'émergence de la nouveauté** dans les pratiques organisationnelles. Il faut, en quelque sorte, **faire du ménage dans le coffre à outils pour créer de l'espace pour la nouveauté.** Simple à dire, mais très difficile à mettre en pratique. Concrètement, on abandonne ce qui nous a été fort utile jusqu'à présent et souvent depuis longtemps, et notre besoin de sécurité se manifeste par de la résistance au changement. Ici encore la méthode RAR est de mise :

1. Reconnaître le besoin d'amélioration

La prise de conscience est toujours l'étape clé dans une démarche de transformation. C'est l'étape où l'on reconnait que certaines pratiques sont des sources de friction dans notre processus de transformation.

Devant l'ampleur de la tâche pour les organisations matures, c'est **grâce au leadership partagé que nous pouvons identifier ce qui ne sert plus.** En effet, avoir des employés engagés, **des intrapreneurs,** partout dans l'organisation permettra d'identifier les sources de friction et leur impact négatif sur l'évolution de l'organisation.

2. Accueillir l'inspiration de la vision pour favoriser le lâcher-prise

L'inspiration suscite le désir d'avancer chez les gens. Plus la vision sera claire et inspirante pour tous, plus il sera facile de voir à quel point les sources de friction présentes dans le cadre de gestion freinent l'atteinte de la vision. Cette clarté soutient les **intrapreneurs** dans l'identification des pratiques qui ne servent plus et à favoriser l'élan pour les laisser-aller...

3. Répondre à partir de l'intelligence collective

La force collective soit celle des intrapreneurs permet de sortir des sentiers battus et de créer une nouvelle situation plus favorable **à l'évolution**. Les organisations sont passées maîtres, depuis les 2 dernières décennies, dans l'art d'importer de meilleures pratiques dans les organisations. Ce qu'on a un peu négligé, en revanche, c'est d'inviter les employés à s'inspirer de telles pratiques, qui ont fait leurs preuves ailleurs, tout en leur permettant de créer et d'implanter leurs meilleures pratiques, celles qui sont précisément adaptées à l'organisation. Aucune pratique n'est excellente dans toutes les organisations, chacune d'elles étant unique.

Parfois, même le concept de meilleures pratiques lui-même doit être mis en doute. Il sert parfois à justifier un changement non adapté à l'organisation : « quelqu'un a dit que c'était bon, ça doit donc être bon pour nous ». Je propose plutôt aux leaders d'explorer les facteurs de succès liés à une pratique reconnue dans leur industrie et de définir leurs propres meilleures pratiques en projetant ces facteurs de succès sur les spécificités de l'organisation. On rejoint alors le concept « **d'intelligence situationnelle** » tel qu'il est présenté par Lachnitt (2017) qui stipule que ce qui distingue les leaders des managers, lorsqu'ils se mettent à l'écoute de leur écosystème, c'est que les managers se fient essentiellement à leur bagage cognitif, alors que les leaders conjuguent expérience et expérimentation.

Le **leader d'évolution** doit, ainsi, **développer une perception** à la fois **fine et large de son milieu** pour **inspirer les autres** dans la **recherche de nouvelles meilleures pratiques** pour le milieu plutôt qu'importer les meilleures pratiques des autres. Les **intrapreneurs** pourront alors se réaliser, contribuer à l'évaluation du cadre de gestion courant, voire au-delà de ce cadre, et assurer son évolution. Il en résultera la production d'énergie de transformation au service de l'organisation dans son ensemble.

Mettre les besoins et motivations individuelles au service de l'évolution

Au chapitre 3, j'ai suggéré que les cinq besoins fondamentaux tels développés par Maslow (1943) dans sa pyramide pouvaient être transposés dans le cadre organisationnel puisqu'après tout, une organisation est une création de l'esprit humain.

Au chapitre 1, je vous ai présenté l'influence des forces énergétiques sur les besoins organisationnels.

Ici, je propose de revenir à ces forces énergétiques avec la perspective qu'elles sont plutôt des **motivations/intelligences au service de l'évolution** à l'échelle de la personne aussi liées aux besoins fondamentaux de Maslow. À l'échelle organisationnelle, j'ai qualifié ces **intelligences énergétiques**, de « **forces énergétiques**» tel que présenté dans le modèle HL360 et ce, puisqu'elles poussent et tirent toujours au service de l'évolution. Revenons à la personne, pour voir une version de la pyramide de Maslow liée aux intelligences énergétiques chez tout individu.

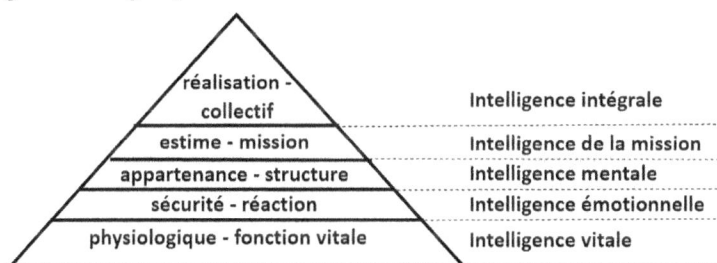

Il est à noter que satisfaire les besoins et motivations d'une personne lui permet, en général, de cheminer d'un étage de la pyramide au suivant. Alors qu'elle intègre ses besoins fondamentaux, la personne peut intégrer plus de perspectives et de complexité au profit de son propre développement ainsi qu'à celui de l'évolution de l'organisation.

Intelligence vitale

L'intelligence vitale correspond aux besoins physiologiques à la base de la pyramide des besoins de Maslow (1943). Dans un environnement organisationnel, cette fonction vitale correspond à la santé du personnel, facteur indispensable pour permettre à la personne de penser efficacement, de décider et de passer à l'action.

Intelligence émotionnelle

L'intelligence émotionnelle est liée aux émotions et correspond au besoin de sécurité chez Maslow. Notre système émotionnel nous fournit de l'énergie pour réagir à ce qui nous interpelle dans notre environnement, consciemment ou non. Notre cerveau émotionnel nous permet de réagir. Les émotions sont une source très utile d'information sur la résistance au changement. Il est donc important d'accueillir les émotions et de comprendre leur message.

Intelligence mentale

Au-delà de la satisfaction de ses besoins physiologiques et émotionnels, un individu a un **besoin d'appartenance**. Ce besoin se traduit, en particulier, par une motivation à apporter sa contribution au sein d'un groupe en suivant des règles et des repères propres au groupe. Dans la mesure où l'organisation saura satisfaire le besoin d'appartenance de ses employés, elle tirera profit de leur motivation à **participer à la vie organisationnelle**.

Intelligence de la mission

Vient, ensuite, le besoin relatif à l'estime de soi, prolongement du besoin d'appartenance qui est relié à la reconnaissance (statut, réputation), à la confiance et au respect de soi et des autres. C'est la motivation liée à sa mission personnelle. **Suis-je en cohérence avec moi-même ?** L'adéquation entre la raison d'être de l'individu et celle de l'organisation encouragera le premier **à contribuer au succès** de cette dernière. C'est ici où l'engagement du cœur survient véritablement, ce n'est pas juste un emploi… « Cela a du sens pour moi, cela me correspond davantage, cela est bon pour moi ».

Intelligence intégrale

Au sommet de l'échelle des besoins se trouve le **besoin de s'ac-complir et de se réaliser** ainsi que d'exploiter et de mettre en valeur son potentiel personnel dans tous les domaines de sa vie. Ce besoin peut prendre des formes diverses selon les individus. Au niveau orga-nisationnel, cet état de réalisation peut inclure **la contribution/ synergie collective et le rayonnement de l'entreprise au-delà de ses murs.** L'énergie est une énergie plus intégrale puisqu'elle intègre celle de tous les autres niveaux de besoins de la pyramide.

Les **besoins des jeunes adultes** de nos sociétés dites-modernes se situent davantage aux 2 derniers niveaux de la pyramide en termes de besoins. Ils sont davantage au service du « JE » en termes de **besoin de respect de soi** et au service du « **Nous** » en termes du besoin de **contribuer à quelque chose de plus grand.** Lorsqu'une organisation crée les conditions favorables pour répondre à ces 2 besoins, les intelligences énergétiques ainsi libérées sont au service de l'évolution de toutes les parties du système.

> ### N'est-ce pas cela l'évolution, soit de pouvoir passer de plus en plus du « Je » au « Nous »?
>
> Aspirer à quelque chose de plus grand se traduit de plus en plus par faire une réelle différence et atteindre des résultats à valeur ajoutée « *Success for my generation will be shift from business as usual to something calls "Betterness" and "Making Good"* ». (Curtis, 2012) Leur vision d'être au service d'une oeuvre plus grande que soi s'apparente à la pensée *du Me to We* des frères Craig et Marc Keilburger : « *How will the choice I am making in my life affect our family? Our community? Our nation? Our world? We learn that opening ourselves to others does not cause us to lose time, money or energy, but rather to gain a higher quality of life* ». (2004) « *Imagine having a connection with others that makes us stronger as individuals and as a collective… Imagine a world with a We at its core* ». (2004)

Créer l'impulsion vers le changement et l'accès à l'énergie de transformation

Dans une organisation mature, l'énergie de transformation se fait habituellement rare et l'accueil du changement plutôt difficile.

Je suggère de créer ce que j'appelle « l'élan de changement ». Cet élan survient par un questionnement qui devient presqu'un rituel. **L'énergie de transformation** étant la qualité d'énergie qui facilite l'ouverture au changement, elle apparait dès lors que l'on se pose l'une des questions suivantes : « Pourquoi? » ou « Pour qui faisons-nous ceci? ». Plus on intègre ce type de questionnement dans le quotidien de l'organisation, plus il donne accès aux motivations des niveaux « Mission » et « Accomplissement (intégral) », qui, à leur tour, mènent aux actions visant à s'améliorer et à se réinventer.

La puissance du pourquoi

Il faut un **certain courage** pour se poser les bonnes questions. Lorsqu'on se pose une question qui commence par « Pourquoi? », il se peut que la réponse nous dirige vers un changement, ce qui demandera des efforts particuliers pour passer à l'action. Ce genre de question dérange toujours un peu, car la réponse réveille nos besoins à divers niveaux : sécurité (émotions de réaction), appartenance (l'organisation va changer), reconnaissance (quel sera mon nouveau rôle?) et accomplissement (pourrais-je encore me réaliser?)

De nos jours, les jeunes qui arrivent dans un milieu de travail posent beaucoup de questions. Cette réalité peut être en raison du fait qu'ils sont particulièrement au fait de leurs divers besoins ou encore, ils ont eu des parents attentifs qui ont nourri leur curiosité naturelle. On aimerait parfois qu'ils entrent rapidement dans le moule; la vie de l'organisation serait tellement plus facile! Cependant, **imaginez avoir un milieu de travail où tous les employés ont l'énergie et la curiosité du nouvel employé**. Si ce milieu permettait en toute confiance de laisser émerger l'énergie issue de la curiosité provenant des « Pourquoi » et s'il était en mesure de la canaliser selon la vision de l'organisation, l'énergie de transformation se manifesterait immédiatement.

La puissance du collectif – Passer du « Je » au « Nous »

> ### La force collective au service de la communauté
> Ceci rejoint la vision de Henry Mintzberg avec son concept de Communityship : qui met davantage l'accent sur l'importance de l'équilibre entre la communauté et l'individu. Mintzberg précise que la solution à de nombreux problèmes de nos jours réside plus souvent dans le NOUS que dans le JE.

Se demander « Pourquoi » permet aussi d'évaluer le degré de réalisation/respect de soi et surtout sa contribution intégrale. Si ce questionnement est généralisé, cela signifie que toutes les composantes de l'organisation se soutiennent et travaillent de concert pour produire des résultats extraordinaires. Le véritable engagement du personnel au soutien de la vision de l'organisation et la synergie des équipes se produisent alors en haut de la pyramide des motivations fondamentales des individus et génèrent une qualité d'énergie qui transcende tous les autres niveaux. Il devient alors beaucoup plus facile de définir le meilleur scénario d'évolution pour l'organisation et de laisser derrière soi ce qui ne nous sert plus.

Voici d'autres facteurs qui contribuent à créer de **l'énergie de transformation** et qui nourrissent, ainsi, un élan de changement irréversible au bénéfice de l'amélioration continue de l'organisation.

La clarté et le focus organisationnels

La clarté organisationnelle permet d'évaluer, puis de réduire, la complexité et la friction qui nuit au changement. Plus la vision est claire et inspirante, plus l'amorce de l'élan vers le changement est facile à créer et puissante. De nos jours, le grand défi des leaders est de naviguer dans un océan d'informations et de données qui peuvent complexifier l'analyse.

La clarté est nécessaire pour définir le focus organisationnel et le focus organisationnel est nécessaire pour maintenir la clarté. On se rappelle, d'ailleurs, que le focus nous permet aussi de diriger notre énergie pour nous aider à atteindre nos désirs. Si notre vision est claire et inspirante, mais que l'on se laisse distraire, notre focus diminue et l'élan vers le changement s'en trouve affecté.

Le rythme organisationnel

Outre la nécessité, pour eux, d'être les « champions » de la clarté et du focus, les leaders ont également à développer leur sensibilité quant au rythme, raisonnable, à imposer au changement. Ils doivent faire preuve de vigilance pour **percevoir le bon moment et le bon rythme de transition** vers une nouvelle pratique.

L'organisation en tant que système nous envoie **des signaux d'ouverture et des signaux de fermeture**. Lorsque le leader s'en tient à son plan initial et n'écoute pas les signaux émis par le milieu, il affecte la qualité de l'énergie organisationnelle et diminue l'intensité de l'élan vers le changement. Le leader d'évolution ne pousse, ni ne tire les équipes ; il les accompagne avec attention en restant conscient du rythme optimal qui produira le changement désiré.

Clarté, focus et rythme de changement approprié, ces trois facteurs créent un élan d'évolution organisationnelle qui **permet d'accueillir les changements et de passer à l'action avec plus de facilité et moins de stress.** L'organisation va, ainsi, s'adapter de façon plus organique. L'élan créé peut être comparé à celui d'une roue qui prend de la vitesse dans une pente : une fois en mouvement, il est très difficile de l'arrêter. Dans une culture d'évolution, les discussions avec les équipes servent à améliorer la situation et à rendre la contribution de tous encore plus efficace.

Faciliter le développement de nouvelles perspectives

Décortiquons un peu plus ce qui contribue à faire en sorte qu'il devient plus facile de se passer de ce qui ne sert plus dans l'organisation. D'abord, il faut pouvoir envisager, en collaboration, de nouvelles perspectives, parce qu'on est en train de créer une nouvelle situation, qui ne peut pas l'être en s'accrochant au passé. Voyons les éléments qui, à mon avis, lorsqu'ils sont intégrés à une synergie collective, contribuent à développer de nouvelles perspectives pour le personnel.

La raison d'être du travail

Plusieurs sondages nous révèlent que la satisfaction au travail n'est pas très grande dans une grande majorité d'organisations publiques. On explique souvent ce phénomène par le manque d'adéquation entre les aspirations des employés et leur perception de la raison d'être de leur travail. S'ils sentent qu'ils sont au service d'un cadre de gestion rigide, ils fonctionnent dans le mode d'énergie de maintien.

Les employés sont plus enclins à changer lorsqu'ils ont le sentiment de faire une différence et trouvent, ainsi, une raison d'être au travail; le changement est alors une opportunité de se réaliser, de contribuer et d'améliorer la situation en obtenant de meilleurs résultats.

Les talents naturels et les intérêts individuels

Aligner les opportunités offertes par l'organisation avec les talents naturels du personnel génère une qualité d'énergie chez le personnel qui permet de prendre de la hauteur et d'accueillir de nouvelles possibilités plus aisément.

Trop souvent, on s'attarde davantage aux faiblesses des employés. Pourtant, il a été démontré que le plein potentiel humain est atteint en prenant appui sur des forces individuelles et non en se focalisant sur les faiblesses de l'individu. Celles-ci tendent, d'ailleurs, à s'estomper lorsque l'individu se développe sur la base de ses forces. Le monde du sport en est un bel exemple. Aucun entraîneur n'incitera un athlète à s'engager dans une discipline pour laquelle ce dernier n'a pas de talent naturel. Par exemple, Bruny Surin a eu tôt fait de réaliser que le 1500 mètres ne correspondait pas à ses talents naturels; il s'est donc focalisé sur le sprint.

Ma pratique de coaching est d'ailleurs axée sur les forces et les motivations profondes de mes clients dans l'atteinte de leurs objectifs. C'est le chemin le plus facile pour atteindre ses buts. Pourquoi choisir un autre chemin?

La fierté comme source d'énergie

Le sentiment de contribution et la réussite se traduisent par un sentiment de fierté, une émotion qui génère une très belle énergie et qui est un puissant levier de transformation. La fierté à l'échelle organisationnelle dynamise la capacité de changer. Le besoin de contribuer est fondamental pour tout individu, il constitue un moteur d'évolution. C'est grâce à la puissance de la fierté organisationnelle que les problèmes deviennent des opportunités et qu'une équipe atteint des sommets encore plus hauts.

Au contraire, dans les organisations qui, comme bon nombre d'organisations publiques, font de leur cadre de gestion leur raison d'être, c'est le silence total. À 16h, tous les employés sont déjà partis! Il n'y a pas beaucoup de fierté, pas beaucoup d'énergie pour faire une différence. Le personnel gère des processus en se limitant à suivre la routine. Amener un changement dans de telles organisations est extrêmement pénible, car la résistance y bat son plein et le personnel se concentre rapidement sur la recherche d'un autre emploi.

Chapitre 6: Étape 5 – Résultat- Une organisation saine et agile envers le changement

Créer une culture *qui stimule sans cesse le potentiel humain au service de l'évolution*

« Lorsque l'on est jeune et que l'on n'a pas encore d'argent, on est ouvert à créer, à expérimenter dans la vie… En fait, lorsque l'on n'a rien à perdre, tout est possible… ». Par ces quelques mots, l'entrepreneur Alexandre Taillefer, lors de l'un de ses passages à Gatineau, voulait expliquer que le « risque » de perdre quelque chose est un frein à l'entrepreneuriat et à l'innovation.

Dans cette optique, je crois que les **organisations publiques ont un énorme potentiel de transformation de leur culture**. En effet, puisque le risque de perdre quelque chose est minime, elles ont tout à gagner à se réinventer. L'opinion publique leur reproche souvent d'être une source de dépense au détriment de leur réelle contribution sociale. C'est une perception, bien sûr, mais ce qui est perçu comme un défaut pourrait bien devenir leur plus grande force pour se transformer. Quelle incroyable opportunité pour les organisations publiques de sortir des sentiers battus! J'invite les dirigeants d'organisations publiques à oser développer une culture dans laquelle le personnel sera invité et intéressé à contribuer à une mission collective et à une évolution constante.

Voyons, maintenant, plus en détail les caractéristiques qui permettent de bâtir une culture organisationnelle d'évolution.

Nourrie de mes expériences et inspirée par certains experts, je vous présente certaines caractéristiques qui sous-tendent le développement d'une culture organisationnelle d'évolution, les principes de base ayant été posés dans les chapitres précédents.

Créer un sixième sens dans l'organisation

Lorsqu'on y intègre les caractéristiques d'une culture d'évolution, l'organisation développe un sixième sens. Cela permet au sens du rythme, du timing ainsi qu'à l'alignement organisationnel d'émerger plus naturellement.

Les caractéristiques d'une organisation d'évolution :

Je vous invite à observer le fonctionnement des équipes lors des réunions et à déterminer dans quelle mesure sont présentes les quatre caractéristiques suivantes :

- la curiosité;
- l'authenticité;
- l'engagement dans l'action;
- le plaisir.

La curiosité

Je définis la curiosité comme étant l'effort constant d'explorer sans crainte et de comprendre ce qui apparait comme nouveau et différent.

Prenons l'exemple suivant : le VP-Qualité/innovation apporte une nouvelle idée lors d'une rencontre de direction. Les autres VP démontrent leur enthousiasme et leur ouverture d'esprit en étant curieux envers cette nouvelle perspective. Tous contribuent en posant des questions ouvertes et sincères.

Grâce à la curiosité, la possibilité d'une résistance initiale, qui a souvent pour source la crainte, fait place à un intérêt collectif d'explorer en confiance le plein potentiel d'une nouvelle idée. Au lieu de quitter cette rencontre pessimistes («Ça ne marchera pas, je vois déjà le problème avec ça» ; « J'espère qu'il ne va pas trop vite, parce qu'on n'est pas prêts pour cela »), tous s'activent avec le sentiment que peu importe ce qui va arriver, ils doivent collaborer, car ils sont en train de transformer leur terrain de jeu tous ensemble.

« La crainte conduit à la résistance, les faits offrent les bases objectives d'une perspective et la curiosité mène à voir plus de possibilités. »

L'authenticité

Dans ma carrière, j'ai été souvent amenée à participer à des projets importants tout en sachant que certains de mes collègues autour de la table avaient des réserves ou des doutes envers le déroulement desdits projets, mais préféraient ne pas les évoquer. Je me suis aussi retrouvée dans cette même situation. J'ai décidé de taire mes inquiétudes et mes perceptions, croyant que dévoiler mon opinion à ce moment précis n'était pas opportun. Au lieu d'explorer pleinement la situation au bon moment, c'est-à-dire dès qu'elle se présente, on attend parfois une « meilleure occasion » de s'exprimer ou on espère que le temps réglera cette situation douteuse et que nos doutes s'évanouiront. Au vu de mon expérience, la voie de la retenue n'est vraiment pas optimale. Aller de l'avant sans avoir reçu d'échos pertinents lorsque la nouvelle idée a été exprimée peut ne constituer qu'un gaspillage de temps et de ressources, une rencontre de plus sans résultat. Dans le pire des scénarios, les actions se poursuivront plus longtemps et le projet envisagé sera alors voué à l'échec, parce que, dès le départ, il aura fait défaut, par manque de questionnement. Bref, un résultat positif sera très peu probable…

Supposons qu'un leader ait lui-même des réserves sur un projet qu'il présente à son équipe ; plutôt que de sentir qu'il lui sera très difficile de motiver son équipe à réaliser ledit projet, il pourra trouver dans cette situation une belle occasion de profiter de l'authenticité de son équipe, qui l'aidera à trouver de nouvelles perspectives et à placer l'idée initiale du projet sur une meilleure voie.

L'engagement dans l'action

Être engagé dans l'action ne veut pas dire agir sans arrêt et s'agiter à tout propos, mais plutôt que l'intention d'avancer dans une direction donnée est prête à se matérialiser en cas de nécessité. Reprenons l'exemple de l'idée nouvelle énoncée par le VP Qualité/innovation. Au terme de la série de questions motivées par la curiosité des participants, le PDG pourrait clore la discussion en demandant aux membres de l'équipe de direction quelle est l'action que chacun s'engagerait à prendre vis-à-vis cette nouvelle idée. Cet engagement envers l'action créerait une ouverture à aller de l'avant et ferait progresser l'idée dans une direction donnée.

Le plaisir

Au travail, le plaisir c'est avoir le réflexe de veiller à son état de bien-être général et de tendre vers une légèreté porteuse au succès de l'organisation. Il ne s'agit pas de passer son temps à blaguer, bien sûr, mais plutôt d'avoir le réflexe de prendre conscience de son état d'esprit et de ses possibilités d'action à partir d'une attitude de bien-être.

Dans son livre, Jean-Luc Tremblay a présenté au Québec son expérience positive sur la qualité des services et l'engagement du personnel lorsqu'il a été DG d'un hôpital au Québec et qu'il a introduit la notion du plaisir dans son milieu. Il s'inspirait de *l'expérience de Fish* que plusieurs connaissent depuis un moment. Désormais, de plus en plus de voix soutiennent que le plaisir conduit à la résilience et à la créativité. Dans la société nord-américaine, il est difficile d'intégrer le plaisir dans les organisations s'il n'est pas mis au premier plan. Cependant, je pense qu'au Québec, on est de plus en plus prêts à considérer le plaisir dans nos milieux de travail comme le fondement d'une approche productive. Le vrai test, en fait, serait d'introduire la notion de plaisir dans nos institutions publiques. Pour ce faire, il faudrait que la haute direction fasse preuve de modèle en ce sens.

« Imaginez le potentiel si tous les membres de votre équipe devenaient soudainement très curieux, plus authentiques et orientés vers l'action en ayant du plaisir à créer ensemble. »

Choisir les compétences d'une culture d'évolution

Venons-en aux compétences à développer pour soutenir une culture d'évolution, compétences qui, lorsqu'elles sont acquises par le personnel, viennent soutenir les caractéristiques citées précédemment et, donc, l'énergie de transformation.

La compétence personnelle

Elle peut être définie comme la capacité de se connaître soi-même, de reconnaître ses propres besoins et de prendre des mesures en fonction de la situation dans laquelle on se trouve. Le leader est donc en mesure de reconnaître ses émotions, ses sentiments et ses besoins et d'agir, de manière consciente, en fonction de cet état de fait.

La compétence émotionnelle

Elle correspond à la capacité d'accueillir ses propres émotions et celles des autres dans le milieu de travail, puis de les intégrer dans l'analyse et les décisions. Cette compétence permet de comprendre ce qui sous-tend les émotions et d'agir à partir de cette position.

La compétence relationnelle

Elle coïncide avec la capacité d'accueillir la diversité des points de vue et des perceptions, avec respect et curiosité. C'est la compétence qui crée un espace de possibilités avant de réagir à ce qui est différent et qui permet de créer ensemble.

La compétence intégrale

La compétence intégrale permet au leader de réaliser que son impact peut être bien plus grand que son champ de pratique immédiat et que chaque situation intègre de multiples perspectives. Elle lui permet aussi de reconnaître que, malgré toutes ses connaissances et son expérience, le domaine du savoir objectif et subjectif est plus grand que sa propre perspective. Ainsi la **compétence intégrale permet au leader une plus grande adaptabilité à son environnement et conduit à l'humilité, à la curiosité, à la patience ainsi qu'à la résilience.**

Bâtir sur les forces du milieu

Une fois, intégrées, les caractéristiques et les compétences qui soutiennent l'évolution, c'est à partir des forces présentes dans le milieu que la culture organisationnelle va évoluer. Nous résumons d'abord les forces dites organisationnelles que nous avons déjà abordées et qui sont celles que je propose pour développer une culture d'évolution. De plus, c'est ici que je vais préciser davantage la nature des forces énergétiques dites naturelles au service de l'organisation.

Ces cinq forces constituent la boîte à outils au service de votre évolution

La force de la vision

Avoir une vision qui est inspirante et grandiose ; c'est la première force, celle qui permet à toutes les autres de s'organiser efficacement avec cohérence.

La force du leadership

Vient ensuite, le leadership développé à partir des **compétences-clés** d'une culture d'évolution. De plus dans une culture d'évolution, le leadership prend de l'expansion et se transforme en leadership d'évolution par le partage du leadership.

La force du focus

Le focus organisationnel permet de diriger l'énergie pour toujours être à l'affût du « Pourquoi » et demeurer hypersensible aux besoins des clients.

La force de la santé

Dernière force, mais non la moindre, la santé tant du leader que du personnel est primordiale pour générer une vitalité organisationnelle qui permettra d'accueillir le changement avec aisance. La santé, base de l'énergie vitale, permet de nourrir et soutenir la résilience et la créativité.

Les forces naturelles

Revenons sur les forces énergétiques dites *naturelles* étant à la base du modèle HL360 :

- force vitale;
- force instinctive;
- force de la structure;
- force de la mission;
- force intégrale.

Survolons-les, à nouveau, en insistant sur leur impact organisationnel, puisqu'elles sont à la base d'une culture d'évolution et qu'elles présentent une opportunité extraordinaire de faire émerger cette énergie organisationnelle pour dynamiser la créativité et l'évolution saine de l'organisation.

La force vitale

C'est la force qui maintient l'organisation en vie, qui lui permet d'offrir des produits et des services, d'avoir une main - d'œuvre de qualité et d'honorer ses engagements.

Certaines fonctions organisationnelles sont directement rattachées à cette force vitale, telles que la propriété intellectuelle, le fond de roulement, les contrats ainsi que la capacité de payer les employés et de maintenir les immeubles en bon état, les actifs à un bon niveau et la qualité de l'image de marque de l'entreprise. Ces fonctions sont vitales pour votre organisation.

La force instinctive

La force instinctive renvoie à la capacité du milieu à percevoir les risques retrouvés dans l'environnement, à anticiper les changements et à se préparer efficacement à passer à l'action.

Dans un environnement possédant un niveau de conscience peu développé, cette force génère des actions réactives et se manifeste souvent par des conflits, des plaintes, des crises, des pertes de temps, des manques de ressources, des retards et bien d'autres sources de mauvaise performance. Pour sortir de ce mode, il est primordial pour une organisation de développer la **compétence émotionnelle**, qui permet de passer à l'action de manière réfléchie plutôt que réactive, grâce à la prise de conscience des émotions générées par l'instabilité dans l'environnement et à la capacité de transformer cette instabilité en opportunités.

Lorsque ces deux premières forces sont bien utilisées, elles génèrent l'énergie nécessaire pour soutenir le système. Il s'agit alors d'**énergie de maintien**. À l'opposé, si ces forces ne sont pas utilisées adéquatement, elles se manifestent sous la forme d'une **énergie de survie**.

La force de la culture

La force de la culture est celle sur laquelle s'appuient fortement, depuis la révolution industrielle, les organisations et la société en général. C'est elle qui nous permet d'organiser, de développer et d'élaborer les cadres de gestion en soutien aux organisations.

Celle-ci permet l'organisation de tout le système : la structure organisationnelle, l'organigramme, les règles, les procédures, les catégories de personnel, les descriptions de tâches, la gestion des RH, la gestion financière, la gestion de projet, la gestion des contrats, etc. Ces pratiques de gestion définissent la **culture de base** de l'organisation. C'est la force de la culture qui provient du besoin d'appartenance qui génère l'énergie nécessaire au maintien du système en place.

Par contre, lorsqu'on passe à une **culture d'évolution**, la force d'appartenance devient le levier qui permet de passer à un autre niveau de fonctionnement grâce à une conscience collective et partagée du besoin d'évoluer.

La force de la mission

C'est à partir de cette force qu'émerge réellement l'**énergie de transformation**. La force de la mission permet de tisser un lien avec la raison d'être et le cadre de gestion de l'organisation. C'est elle qui permet d'oser se poser les bonnes questions, de demander le fameux « Pourquoi ». Cette force pousse à regarder à l'extérieur du cadre existant et à envisager de nouvelles possibilités adaptées à l'environnement changeant.

Les fonctions organisationnelles rattachées à cette force sont, par exemple, les fonctions de développement organisationnel, de planification et de développement et de gestion de la qualité ainsi que de l'innovation.

Les occasions d'établir un lien avec le « Pourquoi » sont souvent des évènements de planification stratégique, des retraites, des forums ouverts (Café du monde), des remue-méninges et des rencontres de synergie d'équipe. Ce genre de rendez-vous organisationnels permet de générer de l'**énergie de transformation**.

Ressentez à nouveau l'énergie que vous avez perçue, par exemple lors de votre dernière séance de synergie d'équipe. Ne serait-il pas fabuleux de générer quotidiennement cette qualité d'énergie dans votre milieu?

La force intégrale

La force intégrale est celle qui permet de générer de l'énergie de transformation dans l'ensemble du système et de profiter de l'intelligence collective. Elle émerge des liens qui s'établissent non seulement à l'intérieur de la communauté organisationnelle, mais également avec la communauté extérieure à l'organisation. Lorsque l'organisation arrive, ainsi, à contribuer au-delà de ses murs, elle bâtit et renforce sa force intégrale. On profite alors du plein potentiel de toutes les parties de l'organisation et on rend l'expérience client exceptionnelle.

Pour favoriser l'intégration de ces forces, visualisons-les à nouveau en parallèle avec la pyramide des besoins de Maslow. Dans une **culture d'évolution**, la force de la mission et la force intégrale sont mises consciemment au premier plan : étant donné que chaque force dans la pyramide intègre celles situées en dessous d'elle, il faut s'assurer d'une intégration des forces dans l'organisation. C'est cette maturation d'une organisation au fur et à mesure qu'elle intègre ses forces vers le haut qui lui permet de profiter d'un enrichissement remarquable et de développer une culture d'évolution continue.

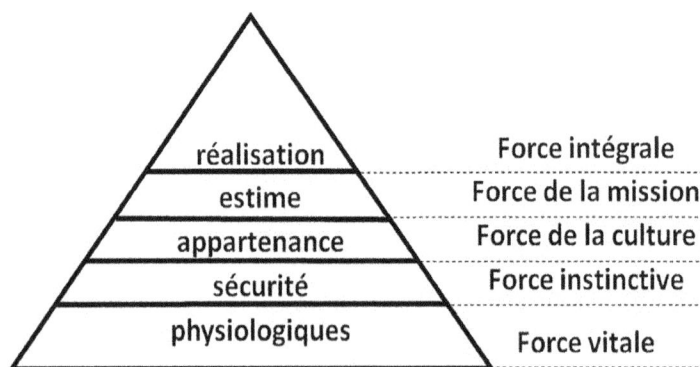

Les forces naturelles en lien avec les besoins fondamentaux de Maslow

Un 6ᵉ sens est né :

Lorsque **les caractéristiques, les compétences et les forces d'une culture d'évolution** sont intégrées à l'organisation, on obtient une organisation **inspirée par un besoin d'évoluer.** Toutes ses parties s'unissent et agissent collectivement pour réaliser la vision et répondre aux besoins des clients. **Le cadre de gestion devient un véritable terrain de jeu!**

« Imaginez tous les silos organisationnels au service de l'évolution et non au service de la structure et de la protection... »

Les silos eux-mêmes sont appelés à évoluer. Une culture d'évolution aidera les PDG à avoir des structures de plus en plus agiles où chacun va contribuer envers un fonctionnement plus intégral et à un développement plus organique de l'organisation.

Valoriser les champions d'évolution

La culture d'évolution génère des **« champions d'évolution » soit des champions de la perception des sources de résistance** dans l'organisation.

Revoyons les différentes sources de résistance et de friction possibles dans l'organisation et pourquoi il est important d'avoir des « champions » à l'affût.

Devenir un champion de la perception de la résistance issue du cadre de gestion de l'organisation

La résistance provient des silos, de la structure hiérarchique, des règles, des processus et ainsi de suite. La complexité et la rigidité du cadre de gestion créent de la friction lorsqu'un changement est envisagé, friction qui prend la forme de commentaires : « Oui, mais nos budgets sont déjà alloués pour cette année », « Ça ne fonctionnera pas, c'est trop compliqué, nos règles ne le permettent pas », « On l'a déjà essayé et cela n'a rien donné », etc.

Quand la friction fait partie de la réalité quotidienne, elle n'est autre qu'une source de frustration, de stress, de manque à gagner, de roulement chez le personnel et, conséquemment, la cause d'un rendement moyen de l'organisation. En prenant conscience des signes de friction, le leader ou l'intrapreneur peut agir, créer un meilleur alignement organisationnel et favoriser l'évolution saine de son milieu.

Devenir un champion de la perception de la résistance issue des comportements organisationnels

Le système organisationnel, tout comme le système nerveux humain, reconnait les comportements qui ne sont pas alignés sur les valeurs en place. Ces comportements créent des sources de friction qui affectent le moral, entraînent de l'absentéisme et, éventuellement, engendrent des problèmes de santé chez le personnel.

Où sont les principales sources de friction dans les relations de travail? Les indicateurs sont le taux de griefs, le taux d'accidents de travail et le taux de plaintes pour harcèlement et violence au travail. Le réflexe est de percevoir ces indicateurs RH comme étant l'expression de problèmes à résoudre et on essaie de gérer la situation problématique dans cet état d'esprit. Par exemple, on offre des formations aux gestionnaires pour qu'ils puissent mener des conversations difficiles avec leur personnel et, ainsi, changer les comportements.

En fait, ces indicateurs RH démontrent qu'une capacité de transformation est laissée pour compte. Je vous propose d'envisager ces indicateurs, révélateurs de déficiences, comme une opportunité de parfaire l'alignement organisationnel et d'agir sur la vraie source des situations problématiques. J'encourage les dirigeants à avoir, en équipe, des conversations d'alignement concernant les valeurs organisationnelles et la manière de les faire vivre au quotidien.

Devenir un champion de la perception de la résistance reliée à la culture organisationnelle ainsi qu'aux pratiques de gestion

La friction peut provenir du système décisionnel et de la manière dont les dirigeants envisagent la collaboration. Dans ce cas, c'est le bon moment d'explorer avec humilité comment la culture de gestion freine l'expression de la nouveauté, de la diversité et de la fraîcheur, nuisant, ainsi, à l'agilité au service de la transformation et de l'innovation.

Questions à se poser :

- La nature des processus de consultation est-elle formelle et hiérarchique?

- Le personnel sait-il à qui parler pour obtenir rapidement de l'information et les appuis organisationnels dont il a besoin?

Devenir un champion des pratiques émergentes au service de l'évolution

Un autre type de champion doit être valorisé dans une culture d'évolution. Le champion qui aime explorer de nouvelles pratiques. Voici deux pratiques émergentes dans le monde des organisations: la pleine conscience et les rituels.

La pleine conscience organisationnelle au service de l'organisation

La **pleine conscience** peut être définie comme la capacité d'un individu à percevoir ce qui se passe en lui, d'être pleinement attentif à l'alignement de son corps avec son esprit (mental) et avec son cœur (émotions). Nous pouvons faire une analogie à la **pleine conscience organisationnelle**, qui se caractériserait alors par :

- la conscience de la cohérence entre le focus organisationnel et la vision, la mission et les valeurs de l'organisation;
- la conscience des besoins des clients et du personnel qui évoluent sans cesse;
- la conscience de l'environnement organisationnel, qui change aussi constamment.

La **pleine conscience organisationnelle** permet aux leaders et aux intrapreneurs de créer un espace de réflexion pour évaluer s'ils sont soit en train de se laisser distraire ou soit en mode réactif face à une instabilité qui survient. Elle permet d'élargir le champ de vision et de prendre de la « hauteur » comme le dit si bien Rémi Tremblay auteur et conférencier au Québec, et de percevoir ce qui arrive sans être déstabilisé et réagir sans cesse. La pleine conscience organisationnelle devient un outil alors indispensable aux leaders.

Les rituels au service de l'organisation

Les rituels sont essentiels à la consolidation d'une culture tout en permettant de développer une capacité de résilience pour rester agile devant l'instabilité de l'environnement. Ce que j'entends par rituel dans organisation, ce sont en fait des pratiques qui servent d'ancrage à une culture. Un rituel est valorisé par la communauté puisqu'il fait du bien!

Les pratiques et rituels qui soutiennent la culture d'évolution créent une synergie dans les équipes et créent un espace propice pour reconnaître les émotions et pour réduire le stress dans le système, facilitant la clarté, l'ouverture, la créativité et l'inspiration.

Tony Swarchtz (2011) a publié le livre *Be Excellent at Anything*, dans lequel il cite les rituels utilisés par certaines compagnies, comme Sony Europe, Amazon et Zappos, pour énergiser les milieux de travail. Voici quelques exemples de ce livre qui donne des suggestions de rituels organisationnels. La meilleure recette sera, encore et toujours, celle qui sera développée à partir des meilleurs ingrédients pour le personnel et les leaders concernés dans leur milieu :

> ## La pratique des courriels déjà sur le radar des organisations innovantes :
>
> Un client d'une municipalité qui prend un virage important me mentionnait que le phénomène des courriels était devenu un frein à l'efficacité et à l'agilité organisationnelles (été 2017). Avec audace, cette organisation tente un pilote draconien pour changer rapidement. Un genre de choc sur le système qui génèrera un nouveau mode de fonctionnement et qui se stabilisera. Oser adresser un problème par une nouvelle pratique est audacieux et génère une qualité d'énergie puissante pour transformer la situation qui prévalait initialement. J'ai déjà hâte d'apprécier les retombées dans ce milieu…

- pratique des courriels : avant d'envoyer un long courriel, enregistrez-le dans la boîte « Brouillons ». Faites une pause, ouvrez de nouveau votre courriel et décidez si vous l'envoyez tel quel, si vous souhaitez y apporter des modifications et s'il s'agit vraiment du bon moyen de communication. En cas de doute, attendez encore. Ce rituel étendu à toute une organisation pourrait conduire le personnel à revoir ses moyens de communication : pourquoi pas une discussion, téléphonique ou en face à face, de vive voix?

- pratique de communication authentique : lorsque vous avez l'impression que votre interlocuteur ne vous donne pas toutes les informations requises, utilisez le mot-clé simple qui aura été choisi par l'organisation pour signaler un inconfort. L'utilisation du mot invite l'interlocuteur à prendre une pause et revoir sa façon de communiquer. Ce mot peut être par exemple, le mot « code ». Lorsqu'il est prononcé, il incite au dialogue authentique et ouvert, il favorise la clarté, la collaboration et l'engagement.

- pratique de reconnaissance transversale : faites un geste symbolique ou offrez un objet, choisi à l'échelle de l'organisation, pour mettre en valeur le moment auquel un bon coup a été réalisé. Ce rituel est un très puissant stimulant pour la collaboration et la synergie des équipes, puisqu'il développe aussi les liens entre les collaborateurs internes. Pour s'assurer du succès de ce rituel, il doit y avoir du sens à la fois pour les employés, mais aussi pour les leaders, ces derniers ayant le rôle d'entretenir le rituel et, au besoin, de le faire évoluer dans le temps.

Les possibilités sont vastes pour les organisations et les meilleurs rituels émergeront de la démarche de transformation organisationnelle. Un conseil, qui est devenu presque comme **un mantra** pour moi, s'impose : « Trop [de rituels], c'est comme pas assez… La **simplicité et les petits pas** est une règle d'or pour initier une nouvelle pratique ».

Considérer le mieux-être des employés comme une clé de l'évolution

Je ne peux me retenir de revenir à la santé. La santé permet de soutenir les changements dans notre vie et au travail. Toutefois, être soucieux de la santé du personnel, ce n'est pas seulement avoir de bons programmes de sécurité et de mieux-être au travail, comme nous l'avons vu en détail auparavant.

Récemment, j'ai rencontré le directeur général (DG) d'une usine québécoise appartenant à une entreprise internationale. Cette usine est une référence quant à sa performance et à la qualité de sa production. Ce DG m'a avoué, cependant, que le siège social avait émis des réserves relativement au financement de nouveaux projets d'innovation, parce que l'usine affichait une faible performance sur ses indicateurs de santé et de sécurité. Vous pouvez imaginer l'onde de choc ainsi créée chez les contremaîtres de l'usine. Ces derniers croyaient être parmi les meilleurs en raison de leur performance opérationnelle, mais ils découvrirent qu'être les meilleurs signifiait plutôt avoir un meilleur rendement sur les indicateurs de santé et sécurité.

Et qu'en est-il du stress dans le milieu de travail ?

Le stress est une réaction biologique lorsqu'on perçoit un danger. Quatre facteurs de stress sont reconnus face à une situation et pour un individu donnés, formant l'acronyme **CINÉ** : l'impression de perte de contrôle (**C**), l'imprévisibilité d'une situation (**I**), la nouveauté d'une situation (**N**) et la menace de notre égo par une situation (**É**) (Lupien, 2010). Lorsque le stress apparait chez un individu à la suite de la perception d'un ou de plusieurs de ces facteurs, le corps mobilise une certaine quantité d'énergie, qui sert à réagir (la réponse « fight or flight »), et qui réduit la capacité d'action réfléchie de l'individu face à la situation qui cause le stress. De plus, si des situations stressantes se succèdent, l'état de stress peut devenir chronique et engendrer une dégradation de la santé physique et mentale de l'individu (sommeil, appétit, énergie vitale, qualité des relations, etc.)

Je me souviens d'un sondage que nous avions réalisé auprès du personnel hospitalier. Les employés avaient été interrogés sur la perception du stress qu'ils avaient ressenti durant la dernière année civile. Certains résultats étaient alarmants. Par exemple, plus de 86 % des infirmières indiquaient qu'elles étaient soumises à un stress important. Une collègue, souhaitant probablement relativiser ce résultat, me confia qu'il était normal, selon elle, que nos employés vivent du stress, que c'était ni plus ni moins que la norme dans tous les milieux de travail aujourd'hui, surtout dans les hôpitaux. À mon avis, il s'agit de la remarque d'une personne qui se sentait impuissante devant cette situation et qui ressentait certainement, elle-même, un stress considérable dans sa carrière de dirigeante (facteurs C et É du CINÉ?). **Si le stress est devenu la norme dans le milieu**, il faut absolument changer la croyance selon laquelle le stress relève de la normalité, puisque celui-ci va tout simplement détruire progressivement la capacité des organisations à fonctionner.

Bien qu'un certain niveau de stress puisse être acceptable, dans la mesure où il aide à mobiliser l'énergie dans la bonne direction, il faut néanmoins surveiller le niveau de stress dans l'organisation et combattre le stress nuisant à la qualité de vie dans le milieu de travail. Les indicateurs SST et le taux d'utilisation de programmes d'aide aux employés ne sont pas seulement des indicateurs que les RH suivent pour limiter les coûts, ils sont aussi des indicateurs de performance en ce qui concerne de santé organisationnelle.

« Dans une culture d'évolution, les indicateurs du potentiel humain sont aux premières loges, puisqu'ils sont le baromètre de la performance et de la santé organisationnelle. »

Porter l'attention sur l'intention d'évolution

Les grandes organisations et la société en général fonctionnent la plupart du temps dans le but de se maintenir et n'évoluent que lentement en répondant aux contraintes naissantes qui se manifestent en interne ou dans leur environnement, soit pour les combattre soit pour s'y adapter. L'énergie de maintien est donc la plus présente et concerne les trois premières forces naturelles : vitale, instinctive et de la structure.

Pour aller au-delà de cet état de maintien et accéder à **l'énergie de transformation**, il faut absolument oser utiliser les deux forces naturelles suivantes : de la mission et l'intégrale. J'emploie le verbe «utiliser», car, en effet, ces forces sont déjà accessibles au système et attendent juste à être libérées!

Résumé du chapitre

Les composantes au service d'une organisation qui désire évoluer sainement sont :

- la curiosité;
- l'engagement dans l'action;
- l'authenticité;
- le plaisir.

Les quatre compétences nécessaires à l'évolution d'une organisation sont :

- la compétence personnelle;
- la compétence émotionnelle;
- la compétence relationnelle;
- la compétence intégrale.

Les cinq forces au service de l'évolution d'une organisation sont :

- la force de la vision;
- la force du leadership;
- la force du focus;
- la force de la santé;
- les forces énergétiques dites naturelles à tout système vivant.

Pour évoluer, une organisation se doit d'avoir des « champions » qui perçoivent la résistance au changement issue :

- du cadre de gestion en place;
- des comportements organisationnels;
- de la culture organisationnelle;
- des pratiques de gestion.

Chapitre 7 : Maintenir sa culture d'évolution en mouvement

Un de mes collaborateurs, après avoir révisé une version de ce livre, me demanda : « Où est le chapitre qui indiquera comment maintenir la nouvelle culture d'évolution une fois celle-ci mise en place selon les principes énoncés dans les six premiers chapitres? »

Je me suis, d'abord, demandé pourquoi il faudrait maintenir une culture d'évolution, alors que celle-ci, de par son ADN, est, en elle-même, amenée à évoluer... À vrai dire, ceci relève plutôt de la sémantique, car, évidemment, la question se pose à savoir quelles sont les conditions favorables au maintien des composantes qui favorisent la transformation continue d'une culture d'évolution.

Je suggère donc de faire un survol des principes abordés dans les six premiers chapitres de ce livre pour voir comment ceux-ci pourraient être utilisés **pour éviter de retomber dans un mode *d'inertie ou de réactivité organisationnelle*, dans lequel l'énergie de transformation ne pourrait être accessible facilement et où on serait coincé dans l'énergie de maintien ou dans une spirale d'énergie de survie.** Un survol des principes à mettre en œuvre et des et des signes symptômes à surveiller qui pourraient indiquer un certain relâchement dans l'énergie organisationnelle est donc de mise.

Une organisation prête à évoluer

Le défi des leaders est, aujourd'hui, de soutenir leur organisation dans une situation d'instabilité contrôlée soit de trouver **un équilibre entre stabilité et instabilité.** Il est donc suggéré **de profiter de la stabilité** pour réévaluer la perspective de l'organisation et **embrasser l'instabilité** comme une source d'énergie de transformation pour atteindre de nouveaux sommets.

L'énergie de transformation jaillit lorsque l'organisation a pris soin d'aligner sa vision, ses valeurs, son leadership et ses pratiques. Cet alignement organisationnel réduit la résistance au changement et la friction dans le système et permet au système de se transformer plus facilement grâce à cette énergie de transformation, qui est illimitée. Pour la stimuler, il est essentiel de mobiliser l'intelligence collective de l'organisation au moyen d'un **leadership partagé**, c'est-à-dire d'un leadership personnel qui s'exerce à tous les niveaux de l'organisation. Le leadership partagé permet l'engagement des employés en stimulant le plein potentiel de chacun.

Les **cinq grands facteurs** qui affectent l'énergie organisationnelle sont **la culture, la complexité, les émotions, la santé et le focus.** En agissant sur ces cinq facteurs il est possible de libérer l'énergie de transformation : l'ensemble de l'organisation suivra une vision partagée et riche qui fera partie du quotidien de chacun et, quand surviendra une tension interne ou externe, l'organisation saura mieux agir (plutôt que réagir) grâce à la culture d'évolution organisationnelle qui sera en place.

Quant aux individus qui contribuent au succès de l'organisation, ils ont cinq besoins fondamentaux, tels que résumés dans la pyramide des besoins de Maslow. Ces cinq besoins peuvent être transposés dans le cadre organisationnel en devenant des **motivations fondamentales.** Ces motivations fondamentales concernent l'énergie vitale (besoins physiologiques), les émotions (besoin de sécurité), l'organisation (besoin d'appartenance), la mission (besoin d'estime de soi) et l'accomplissement personnel (besoin de s'accomplir).

L'énergie qui est générée par ces différents niveaux de motivation fondamentale va de **l'énergie de survie** (besoin de sécurité) à **l'énergie de maintien** (besoin d'appartenance), puis à **l'énergie de transformation**, lorsque l'organisation satisfait les besoins d'estime de soi et de s'accomplir, en plus des besoins précédents. Enfin, pour créer un élan d'évolution organisationnelle, **il faut préserver** :

- la clarté et le focus organisationnels;

- un rythme approprié;

- une aisance à développer de nouvelles perspectives par un rituel de questionnement;

- la fierté collective.

Signes et symptômes à surveiller

Quels sont les signes qui indiqueraient un accès moins abondant en énergie de transformation ou un relâchement de la vigilance organisationnelle sur l'énergie organisationnelle ?

Dans une organisation, la résistance au changement et à l'évolution se révèlera très souvent sous les formes suivantes :

➡ stress dans le milieu de travail;

➡ conflits, griefs et plaintes;

➡ retards dans les projets, pertes de temps et gaspillage;

➡ protection des acquis et des budgets;

➡ absentéisme et *présentéisme*.

Bien que ces signes et symptômes soient généralement perçus comme des problèmes, ils envoient, en fait, une **information cruciale sur la santé de l'organisation** et dirigent vers des **sources d'énergie inexploitées**.

Je vous invite donc à envisager ces situations non pas comme des problèmes à gérer, mais **comme des opportunités pour géné-**

rer une autre qualité d'énergie dans l'optique de leur transformation.

Dans une culture d'évolution, il n'est pas nécessaire de travailler plus fort pour opérer des changements, mais plutôt d'œuvrer avec plus d'agilité face à l'instabilité et aux sources de résistance, en jouant sur les types d'énergie organisationnelle et en libérant davantage d'énergie de transformation.

En guise de conclusion

Si vous ne retenez qu'une seule chose de ce livre :

« Rappelez-vous que l'énergie se dirige là où vous placez votre attention !»

Au plaisir d'échanger avec vous sur le thème de **l'énergie organisationnelle** afin d'en accroître les bénéfices sur l'efficacité et le mieux-être des leaders et des intrapreneurs d'aujourd'hui et de demain.

Hélène Hamilton,
helenehamilton.com

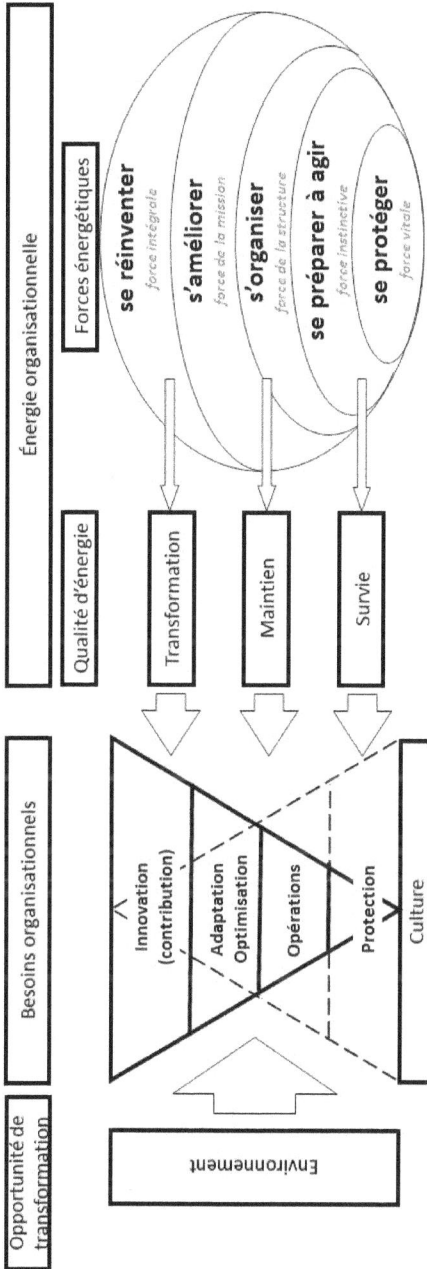

Modèle de transformation organisationnelle Hamilton Leadership 360 (HL360)

Bibliographie et sources d'inspiration

Plusieurs leaders, auteurs, conférenciers, coachs et mentors m'ont aidée à devenir la coach que je suis désormais. Je vous présente ceux qui m'ont tout spécialement inspiré dans le cadre de la rédaction de ce livre ainsi que dans l'élaboration du modèle et de la démarche que j'ai développé pour transformer les cultures organisationnelles. Plusieurs m'ont permis de développer le concept de l'énergie au service de la culture.

Bell, R.C., (2015), THE AWAKENED COMPANY, Namaste Publishing, Canada, 232 p.

Bernier, D., (2016), *LA PENSÉE MANAGÉRIALE DE LA GÉNÉRATION Y DANS SON RÔLE DE DIRIGEANT, EMBA McGill - HEC Montréal* 102 p.

Clerc, O., (2011), *MÊME LORSQU'ELLE RECULE, LA RIVIÈRE AVANCE (9 HISTOIRES À VIVRE DEBOUT*, Marabout, 191 p.

Cole, B., Carnegie D., & Associates, (2012) *HOW TO WIN FRIENDS AND INFLUENCE PEOPLE IN THE DIGITAL AGE,* Simon & Schuster Paperbacks, 245 p.

Collins, J., (2003), DE LA PERFORMANCE À L'EXCELLENCE, Paris, Pearson Education France, Village Mondial, 2003, 287 p.

Curtis, L., (2012), *HAPPINESS IS THE NEW SUCCESS: WHY MILLENNIALS ARE REPRIORITIZING*, FORBES, [en ligne] [http://www.forbes.com/sites/85broads/2012/01/23/happiness-is-the-new-success-why-millennials-are-reprioritizing/#729110fc22f2]

D'Ansembourg, T., (2001), *CESSEZ D'ÊTRE GENTIL, SOYEZ VRAI!*, Montréal, Québec, Canada, Éditions de l'Homme, 252 p.

De Bono, E., (2010), *LES SIX CHAPEAUX DE LA RÉFLEXION*. La méthode de référence mondiale, Éditeur Eyrolles, Paris, 208 p.

Deloitte (2016), *WINNING OVER THE NEXT GENERATION OF LEADERS,* The 2016 Deloitte Millennial Survey, 26 p.

Don Riso, R. Hudson, R. (1999), *WISDOM OF THE ENNEAGRAM, THE COMPLETE GUIDE TO PSYCHOLOGICAL AND SPIRITUAL GROWTH FOR THE NINE PERSONALITY TYPES*, Bantam, 400 p.

Epstein, D. M., (2007), *LES 12 ÉTAPES DE LA GUÉRISON*, TRADUCTION DE *THE 12 STAGES OF HEALING, A NETWORK APPROACH TO WHOLENESS,* Suisse, Éditions NeuroFit pour la traduction française (avec l'accord d'Amber-Allen Publishing et de New World Library), 286 p.

Flaherty, J., (2010) C*OACHING – EVOKING EXCELLENCE IN OTHERS,* New York, États-Unis, 3ᵉ éd., Routledge, 223 p.

Goleman, D., (2015), *EMOTIONAL INTELLIGENCE*: *10TH ANNIVERSARY EDITION, WHY IT CAN MATTER MORE THAN IQ*. Bantam Books, New York, 347 p.

Gosselin, A., (2015), *L'ENVIRONNEMENT D'AFFAIRES, DOCUMENT DE PRÉSENTATION DANS LE CADRE DU MODULE REFLECTIVE MINDSET, EMBA McGill-HEC Montréal,* 84 p.

Gratton, M. (2003), Montfort : *LA LUTTE D'UN PEUPLE,* Ottawa : Centre franco-ontarien de ressources pédagogiques, 808 p.

Kegan, R., et Laskow, L., (2009), *IMMUNITY TO CHANGE*: How to overcome It and Unlock the Potential in Yourself and Your Organization, Boston : Havard Business Press

Laschnitt, C., (2017, 1^{ier} mars.), Leadership : l'expérience doit être un guide, pas un maître [blog]. Repéré à http://www. superception.fr/2017/03/01/leadership-lexperience-doit-etre-un-guide-pas-un-maitre/.

Lipton, B., (2016), *THE BIOLOGY OF BELIEF*, 10th Anniversary Edition : Unleashing the Power of CONSCIOUSNESS, Hay House, Inc, United States, 278 p.

Lowe, G., (2010), *CREATING HEALTHY ORGANIZATIONS*, Canada, Rotman School of Management, University of Toronto Press, , 258 p.

Lupien, S.,(2010), *PAR AMOUR DU STRESS, Éditions au Carré, Montréal, Québec, 2010, 274 p.*

Maslow, A., H . (1943), *A THEORY OF HUMAN MOTIVATION*. Psychological review, 50(4), 370 p.

McLaren, K., (2010) *THE LANGUAGE OF EMOTIONS: WHAT YOUR FEELINGS ARE TRYING TO TELL YOU,* Boulder, Colorado: Sounds True.

Newby, D., Nunez, L., (2017) THE UNOPENED GIFT: A PRIMER IN EMOTIONAL LITERACY, États-Unis, 298 p.

Ouspensky P. D. (Gurdjeff), (1971), The Fourth Way, Vintage, New Edition, 480 p.

Palmer, W., (2008), *THE INTUITIVE BODY,* Californie, États-Unis, 3ᵉ éd., Blue Snake Books, 194 p.

Raymond, A., (2009), LA PENSÉE CRÉATRICE – OUTIL EXTRAORDINAIRE ET PUISSANT, Éditions Marie-Ange Enr., Québec, Canada, 266 p.

Scharmer, O., (2009) , *THEORY U: LEADING FORM THE FUTURE AS IT EMERGES, Berrett-Koehler Publishers, Inc, San Francisco, CA, 533 p.*

Schein, E., (2010) , *ORGANIZATIONAL CULTURE AND LEADERSHIP*, 4th Edition, Jossey-Bass A Wiley Imprint, San Francisco, CA, 285 p.

Schwartz, T. (2011), *BE EXCELLENT AT ANYTHING – THE FOUR KEYS TO TRANSFORMING THE WAY WE WORK AND LIVE*, Free Press A division of Simon & Schuster Inc., New York

Senge, P., Arnaud, B.et Gauthier, A., (2015), *LA CINQUIÈME DISCIPLINE, LEVIERS DES ORGANISATIONS APPRENANTES,* Éditions Eyrolles, 466 p.

Senzon S., Epstein, D., Lemberger, D., (2011), REORGANIZATIONAL HEALING AS AN INTEGRALLY INFORMED FRAMEWORK FOR INTEGRAL MEDECINE, Journal of Integral Theory and Practice, 130p.

Sinek, S. (2009) START WITH WHY, HOW GREAT LEADERS INSPIRE EVERYONE TO TAKE ACTION, Penguin Publishing Book, 256 p.

Studer, Q., (2003), *HARDWIRING EXCELLENCE*, Floride, États-Unis, Fire Starter Publishing, 283 p.

Tremblay, J.-L., (2010), LA PERFORMANCE PAR LE PLAISIR, Éditions Transcontinental et Éditions de la

Fondation de l'entrepreneurship, Bibliothèque et Archives nationales du Québec, 2ᵉ trimestre, 280 p.

Tremblay, R. et Plourde, L., (2000), *DÉCOUVREZ...*, *Québec, Canada,* Éditions Anne Sigier, 2000, 237 p.

Wilber, K., (1997), *UNE BRÈVE HISTOIRE DE TOUT,* traduction et adaptation de *A brief of everything,* Ottawa, Canada, Éditions de Montagne, 452 p.

www.ingramcontent.com/pod-product-compliance
Lightning Source LLC
Chambersburg PA
CBHW072200090426
42740CB00012B/2329